the WANTED
EDIÇÃO ESPECIAL PARA FÃS

Universo dos Livros Editora Ltda.
Rua do Bosque, 1589 - Bloco 2 - Conj. 603/606
Barra Funda - São Paulo/SP - CEP 01136-001
Telefone/Fax: (11) 3392-3336
www.universodoslivros.com.br
e-mail: editor@universodoslivros.com.br
Siga-nos no Twitter: @univdoslivros

SARAH OLIVER

the WANTED

EDIÇÃO ESPECIAL PARA FÃS

São Paulo
2013

UNIVERSO DOS LIVROS

© John Blake Publishing Ltd., 2010
© Sarah Oliver, 2010
By Agreement with Pontas Literary and Film Agency

© 2013 by Universo dos Livros
Todos os direitos reservados e protegidos pela Lei 9.610 de 19/02/1998.

Nenhuma parte deste livro, sem autorização prévia por escrito da editora, poderá ser reproduzida ou transmitida sejam quais forem os meios empregados: eletrônicos, mecânicos, fotográficos, gravação ou quaisquer outros.

1ª edição - 2013

Diretor editorial
Luis Matos

Editora-chefe
Marcia Batista

Assistentes editoriais
Bóris Fatigati
Raíça Augusto
Raquel Nakasone

Tradução
Maurício Tamboni

Preparação
Júlio Domingas

Revisão
Ana Luiza Candido
Paula Fazzio

Arte
Francine C. Silva
Karine Barbosa

Capa
Zuleika Iamashita

Dados Internacionais de Catalogação na Publicação (CIP)
(Câmara Brasileira do Livro, SP, Brasil)

O48w	Oliver, Sarah.
	The Wanted – Edição especial para fãs / Sarah Oliver ; [tradução de Maurício Tamboni]. – São Paulo : Universo dos Livros, 2013. 192 p.
	Tradução de: The Wanted A – Z
	ISBN 978-85-7930-363-0
	1. The Wanted (grupo musical). 2. Biografia. 3. Música pop. I. Título.
	CDD 782.42164092241

AGRADECIMENTOS

Dedicado com amor a mamãe, papai, vovô Harry, vovó Elsie, vovô Norman, vovó Dot, Liz, Dan e Robin.

Este livro não teria sido escrito sem o apoio do meu marido, Jon, e do meu editor, Joel. Obrigada à Christina, à Susy e aos meus colegas do Mestrado de Escrita Profissional da University College Falmouth. Um enorme agradecimento à Emily, Gail, Victoria, Rachel, Rebecca e Bethany – amo muito vocês!

Don Arnold/Getty Images

THE WANTED - EDIÇÃO ESPECIAL PARA FÃS

INTRODUÇÃO

The Wanted – Edição especial para fãs é um livro recheado com tudo o que você precisa saber sobre a *boy band* mais quente do Reino Unido. Nenhum outro livro traz tantos detalhes, conta todos os segredos dos bastidores e tudo o que aconteceu na van em que os garotos saíram em turnê. Leia os detalhes sobre Jay ter beijado uma fã e sobre o beijo de Britney Spears em Nathan. Descubra quais travessuras os garotos aprontam uns com os outros e por que Tom conhece cada palavra dos grandes hits do Take That.

Sarah Oliver é uma jornalista especializada em celebridades, e sabe mais sobre o The Wanted do que qualquer outro jornalista no planeta. Ela trabalhou com as maiores fãs do grupo, aquelas que vêm apoiando Jay, Max, Tom, Nathan e Siva desde o início. Você pode seguir Sarah no Twitter: http://twitter.com/SarahOliverAtoZ.

Dentre as séries *De A a Z* já publicadas pela autora, a Universo dos Livros lançou *O Hobbit – de A a Z*. Você pode ler estes livros como preferir: do começo ao fim ou de forma aleatória. A edição brasileira de *The Wanted* vem com fotos especiais para as fãs e espera conquistar ainda mais admiradores desse grupo de sucesso!

Slaven Vlasic/Getty Images

THE WANTED - EDIÇÃO ESPECIAL PARA FÃS

ABCDEFGHIJKLMNOPQRSTUVWXYZ

A É DE...

ÁLBUNS

Max, Tom, Siva, Nathan e Jay mal podiam esperar até que suas fãs ouvissem seu primeiro álbum. Para qualquer músico, ter o próprio disco é um sonho, mas isso era algo ainda mais especial para os garotos do The Wanted. Eles tinham trabalhado tanto que mal podiam conter a empolgação quando, em agosto de 2010, foi anunciado que seu primeiro disco seria lançado em 25 de outubro daquele ano – e que o álbum teria uma capa diferente para cada membro da banda.

As fãs estavam igualmente empolgadas e, assim que puderam, compraram o disco na pré-venda. O difícil era escolher a capa: elas queriam Siva, Jay... ou Max? No fim das contas, muitas fãs encomendaram todas as cinco capas do disco para mostrar aos garotos que os amavam por igual. Seria interessante se algum dia a gravadora revelasse quais foram as capas que venderam mais e quais venderam menos. Seria bom saber quem é o preferido das fãs, mas, por outro lado, uma informação desse tipo faria o integrante que estivesse no último lugar se sentir péssimo.

Diferentemente de outros artistas do mundo pop que primeiro gravam um single, lançam-no e só então começam a trabalhar o disco, os garotos já tinham terminado as gravações de todo o álbum quando "All Time Low" foi lançado para download, em 25 de julho de 2010. Isso foi um grande risco para a gravadora, pois gravar todo um álbum custa muito dinheiro e leva tempo – especialmente se considerarmos algo com o nível de qualidade que Max, Tom, Siva, Nathan e Jay criaram. Se "All Time Low" não tivesse vendido bem e os garotos não conseguissem conquistar um número considerável de fãs, a gravadora não se empenharia em lançar o álbum, mesmo que o material já estivesse todo gravado. Os executivos não iriam querer gastar ainda mais dinheiro promovendo o disco.

Para o The Wanted, gravar o primeiro álbum não foi algo trivial, mas sim um trabalho duro! Eles precisaram conhecer uns aos outros muito bem antes de darem início às gravações e tiveram de escolher canções que realmente queriam gravar, além de escrever algumas outras e trabalhar com autores de renome. Os garotos precisavam decidir que tipo de música queriam fazer e o que o público poderia querer ouvir. Isso foi bastante complicado porque, no início, a banda não tinha muitas fãs, já que eles não faziam shows. Além disso, eles não queriam criar um álbum com uma canção excelente, três canções boas e outras oito medianas. Os garotos queriam doze músicas excelentes no disco e, por isso, gravaram 25 faixas (para poderem escolher as melhores e incluírem no álbum).

Tom contou ao 4Music o que eles estavam tentando alcançar com seu primeiro disco. Ele explicou: "Nós tentamos criar um álbum que pudesse agradar a vários tipos de pessoas. Algumas vão gostar de uma faixa e outras vão gostar de outra. Trabalhamos com estilos musicais diferentes".

Max é um grande fã das faixas com uma levada mais pop, mas também gosta das baladas. Ele aprecia os ritmos diferentes e a forma como o álbum agrada a pessoas de todas as idades. E o The Wanted tampouco é uma *boy band* típica, tendo em vista que escreveram algumas canções do disco, além do fato de que não cantam apenas *cover*s. Max, Tom, Siva, Nathan e Jay escolheram suas onze faixas favoritas, mas foi difícil selecionar a última canção. Eles queriam incluir três outras músicas, mas a decisão final foi tomada pela gravadora.

Os garotos revelaram ao Orange durante uma entrevista: "Escrevemos aproximadamente 60% das canções do disco, mas também contamos com a ajuda de Guy Chambers e Taio Cruz. Trabalhamos com ideias muito variadas e, em nosso primeiro álbum, nunca esperávamos trabalhar com pessoas de tão alto nível".

Em outra entrevista, dessa vez para a Nokia Music, Jay falou sobre como eles fizeram para escrever suas próprias músicas. Ele revelou: "Havia dias em que a gravadora nos mandava para um estúdio e dizia: 'Escrevam uma canção'. E a coisa simplesmente acontecia. Havia dias em que nos sentíamos inspirados para escrever uma música, então alguém começava a tocar algo na guitarra e até mesmo a cantar, e aí víamos o que acontecia".

Quando chegou a hora de dar um nome ao disco, eles tiveram muitas ideias. Os garotos adoravam a faixa "Behind Bars", então pensaram que ela poderia ser um bom nome para o álbum. Porém, eles estavam cientes de que a decisão final seria da gravadora. A maior parte dos artistas novos batiza seu primeiro disco com o próprio nome, então os rapazes não se surpreenderam quando souberam que isso também aconteceria com eles.

Uma fã resenhou o álbum no site da HMV, uma grande loja de discos, em agosto, dois meses antes de o material ser lançado, e deu cinco estrelas (de cinco possíveis) – muito embora ela ainda não tivesse escutado as canções. Ela escreveu: "Esses caras serão GRANDES!! Vocês deveriam comprar esse CD na pré-venda, porque ele vai esgotar assim que for lançado! O primeiro single, 'All Time Low', foi direto para a primeira posição das paradas e tenho certeza de que isso também vai acontecer com o álbum! Eles são pessoas diferentes com estilos diferentes, então o material vai trazer canções diferentes para pessoas diferentes! Mal posso esperar pelo lançamento".

Siva, Max, Tom, Jay e Nathan não queriam que seu primeiro disco fosse o último, então precisavam fazer com que suas fãs comprassem o máximo de cópias possível. A gravadora realizou um movimento realmente inteligente ao lançar uma capa com cada membro da banda, já que isso maximiza as vendas. No site oficial dos garotos, a superfã Selina escreveu: "Vou comprar todas as cinco capas e mais uma com todos juntos. E uma extra do Tom porque ele é o mais lindo!".

A aposta era que os garotos lançassem um disco por ano e que saíssem em turnê o máximo de vezes possível. Acharam que seria difícil fazer um segundo disco melhor do que o primeiro, mas Siva, Max, Tom, Jay e Nathan adoram desafios e arrasaram também nos outros álbuns!

ALEMANHA

Em agosto de 2010, os garotos viajaram à Alemanha pela primeira vez. Eles não sabiam muito bem o que esperar, mas buscavam promover a banda e "All Time Low" em outro país. Eles ficaram animados ao descobrirem que apareceriam em um grande programa da TV alemã que estava apresentando o cantor Plan B. Taio Cruz também estaria lá, então o programa teria uma temática britânica.

Na noite antes do voo, eles só conseguiram dormir por duas horas, porque estavam trabalhando nas canções do álbum. Por conta disso, todos tentaram tirar um cochilo no avião. Eles sabiam que precisariam estar bem dispostos, pois era esperado que falassem um pouco de alemão em todos os programas de rádio ou TV em que aparecessem. Quando chegaram, os cantores tentaram pedir para o motorista alemão ensinar-lhes algumas expressões, mas tiveram dificuldades em repetir as palavras. Tom queria aprender "Onde estão todas as garotas?" no idioma local, mas não teve tempo de tentar falar a frase. Max e Jay passaram a maior parte do voo e do caminho no carro imitando Siva, o que deve ter sido realmente irritante. Ainda bem que Siva é um cara tranquilo porque o sotaque irlandês forjado pelos garotos é de deixar qualquer um com os cabelos em pé!

Os garotos participaram de um *web chat* no The Dome 55, mas, em vez de alemãs, as fãs que participaram com perguntas eram em grande parte britânicas. Eles cantaram "All Time Low" enquanto estavam na arena, em um palco enorme, diante de milhares de pessoas. Nathan, Jay, Tom, Max e Siva costumam ficar nervosos antes dos shows no Reino Unido, mas essa situação provavelmente era mais assustadora porque eles não sabiam como o público alemão reagiria. Mas tampouco precisariam ter se preocupado, pois assim que a banda subiu ao palco, todos começaram a gritar e centenas de pessoas tentaram filmá-los com o celular. O palco estava cheio de fumaça no início e, ao final, cada um tinha um sinalizador e acenava com ele, como fazem no clipe. Foi uma noite incrível, que ficará para sempre na memória dos garotos.

Depois disso, os apresentadores da TV alemã tentaram entrevistar Max, Siva, Jay, Nathan e Tom, mas isso se mostrou impossível porque os gritos tomaram conta do local. No final, a apresentadora conseguiu fazer uma pergunta: "Vocês viram algo dessa bela cidade?". Max respondeu: "A cidade é cheia de belas garotas". E essa resposta fez o público gritar ainda mais.

"ALL TIME LOW"

O primeiro single do The Wanted foi "All Time Low", e a canção tornou-se um enorme hit assim que foi lançada. Ela foi disponibilizada para download em 25 de julho de 2010, e uma versão em CD estava nas lojas no dia seguinte. O single chegou ao número 1 das paradas britânicas e à 19ª posição na Irlanda. A versão em CD tornou-se tão popular que as cópias da HMV esgotaram-se. Por sorte, não demorou muito para que as lojas fossem reabastecidas. Os garotos do The Wanted realizaram sessões de autógrafos em várias cidades de todos os tamanhos e, em todas elas, centenas de fãs esperavam por horas em filas somente para vê-los.

A primeira pergunta lançada para a banda em entrevistas enquanto eles promoviam o single era: "Sobre o que fala a canção?". Muitas vezes, Jay foi o escolhido para responder, e ele logo explicava o tema principal da música e quem havia escrito a faixa. Jay declarou em uma entrevista para a *FirstTV*: "Foi escrita por Ed Drewett, o cara que participa de 'I Need You Tonight', do rapper Professor Green, e por Steve Mac. A canção é sobre quando uma garota está na sua cabeça, arruinando o seu dia, e você não consegue se livrar disso".

OS AUTORES DE "ALL TIME LOW"

Ed Drewett

Ed é um dos maiores compositores do mundo, embora não tenha muito mais do que vinte anos. Ele é de Harlow, Essex, e canta tão bem quanto compõe. Além disso, foi contratado pela EMI Virgin Records. Ed Drewett sabe mais ou menos como os garotos se sentiram quando foram reconhecidos pela primeira vez – porque ele foi um dos vinte finalistas no programa de TV *Any Dream Will Do*, de Andrew Lloyd Webber, em 2007. Na época, ele era muito reconhecido nas ruas, embora atualmente seja menos assediado. Ed é mais famoso pelo single "I Need You Tonight", escrito ao lado do rapper Professor Green. Porém, a canção só chegou à terceira posição das paradas e não obteve tanto êxito quanto "All Time Low". Além de escrever para o The Wanted e para outras estrelas, Ed compõe músicas para si. Seus fãs ficaram felizes quando descobriram que ele lançaria seu primeiro disco no início de 2011. Eles adoram a faixa "Champanhe Lemonade", de autoria dele, e esperam que ela toque muito no rádio.

Steve Mac

Steve Mac reconhece um talento quando o vê e já produziu mais de vinte singles que chegaram à primeira posição das paradas do Reino Unido, além de muitos álbuns cheios de hits. Também é proprietário da Rokstone Studios, em Londres. Já escreveu e produziu canções para JLS, Susan Boyle, Westlife, Leona Lewis, Kelly Clarkson e vários dos principais artistas do mundo.

Steve recebeu três prêmios BMI USA Writers, foi condecorado como Produtor do Ano pelo MMF em 2002 e três de suas canções ganharam prêmios de Música do Ano. Em 2009, foi indicado ao prêmio de Produtor do Ano no Music Producers Guild Awards, e em 2010 venceu o Brit Awards de Melhor Single pela canção "Beat Again", interpretada pela *boy band* britânica JLS. Para o The Wanted, foi um privilégio trabalhar com alguém de tanto calibre tão cedo na carreira. Trata-se de um homem com muito talento e excelente em escolher e escrever canções que se tornarão grandes hits.

Wayne Hector

Wayne Hector é um dos compositores mais bem-sucedidos de todos os tempos no Reino Unido. Ele é contratado pela Sony ATV Music Publishing e já criou canções para Britney Spears, Carrie Underwood, Westlife, Charlotte Church e The Pussycat Dolls, apenas para citar alguns. É o homem por trás de "Swear It Again" e "Flying Without Wings", interpretadas pelo Westlife. Assim como Steve Mac, também escreveu para o JLS. Os três trabalharam juntos para criarem "All Time Low", o single de estreia perfeito para o The Wanted.

Você deve estar pensando que, como "All Time Low" é uma canção realmente ótima, as estações de rádio fizeram fila para tocá-la assim que possível. Muitas estavam ansiosas pela faixa, é verdade. Mas não a Radio 1[1]. Por algum motivo, essa estação recusou-se a tocar o single, o que deixou milhares de fãs do The Wanted furiosas e frustradas. E elas não foram as únicas – a banda também ficou decepcionada. Eles sabiam que "All Time Low" tinha de ser bastante tocada, ou então seriam deixados de lado pela gravadora – e isso realmente acontece com muitas *boys* e *girls bands* quando seu primeiro single não chega ao Top 40. Em vez de se sentirem derrotados, Max, Tom, Siva, Nathan e Jay continuaram confiantes de que "All Time Low" seria um hit e, por isso, exploraram outros caminhos. Fizeram uma turnê por escolas, realizaram shows em clubes noturnos e em shoppings – qualquer coisa para promover o single. Eles visitaram muitas estações de rádio e TV por todo o Reino Unido, sem parar em momento algum. Eles precisavam fazer com que o público se interessasse pelo grupo e pelo single.

Muito embora a Radio 1 não tocasse "All Time Low", os rapazes do JLS, ao assumirem temporariamente o controle das *playlists* como DJs no programa *519*, conseguiram fazer a faixa ser tocada. Os membros do JLS queriam mostrar a todos o quanto gostavam do The Wanted e de "All Time Low". Max e os demais garotos sentiram-se muito gratos e certamente retribuirão o favor algum dia.

---

[1] A BBC Radio 1 é uma importante emissora de rádio britânica cujo público-alvo são os jovens e, por isso, destaca-se por ser importante na promoção de novos artistas. (N.T.)

E não foram apenas as estações de rádio que ficaram loucas com o single... Assim que o público o ouviu, começou a bater os pés e a cantar junto. A canção era tão cativante e direta que as garotas logo começaram a declarar seu amor pelo grupo e a dizer que aquela era a melhor banda de todos os tempos.

A fã Sarah, de Manchester, deu cinco, de cinco estrelas possíveis, ao single em sua resenha no site da HMV. Ela escreveu: "Comprei o meu às nove da manhã de segunda-feira [o dia do lançamento]! O single esgotou em apenas cinco minutos. Depois, meu pôster foi assinado por todos os cinco garotos. O melhor dia da minha vida! O single é incrível, assim como as capas. É a melhor *boy band* atual... Esses caras serão grandes. Esperem e vocês vão ver!".

Até mesmo os críticos, que adoram falar mal de novos lançamentos, aprovaram o single. Ryan Love, da Digital Spy, deu quatro de cinco estrelas em sua resenha, e escreveu: "Muito embora o The Wanted claramente preencha o arquétipo de uma *boy band* – cinco belos garotos capazes de, juntos, segurarem algumas notas – esse single de lançamento chega a surpreender. As cordas na abertura são simplesmente fortes... A letra, nem tanto. Os versos *'When I'm standing on the yellow line/Waiting at the station/Or I'm late for work/A vital presentation'*[2] precisam ser ouvidos algumas vezes para você acreditar no que chega a seus ouvidos. Entretanto, mesmo uma tolice dessas não estraga o frescor e a efervescência dessa pérola do mundo pop. Ainda é cedo demais para dizer se o The Wanted será páreo para o JLS, mas, por enquanto, eles podem celebrar o fato de que um deles roubou de Sophie Ellis-Bextor a coroa de Melhor Bochecha do Mundo Pop. Bom trabalho, Siva!".

Fraser McAlpine, da Radio 1, declarou em sua resenha: "Não estamos lidando aqui com um grupo de garotos. The Wanted é uma forma mais madura de *boy band*. É quase uma *man band*, se assim você preferir [...]. E isso é algo positivo. Muito embora a melhor parte da canção lembre descaradamente a melodia de 'The Scientist', do Coldplay – uma canção que parece responsável por

---

[2] "Quando estou na linha amarela/ Esperando na estação/ Ou se eu estiver atrasado para o trabalho/ Uma apresentação vital." (N. E.)

56% das melodias da década passada –, pelo menos faz isso enquanto ostenta um verso memorável, com uma maliciosa rima interna que acaba compensando qualquer coisa: '*I'm in pieces, seems like peace is the only thing I'll never know*'[3]. Está vendo o que quero dizer? Isso é classe!".

Bill Lamb, do About.com, comentou: "Há espaço para mais uma banda de garotos no furacão das paradas? A nova *boy band* inglesa/irlandesa, The Wanted, declara inequivocamente que sim e, com base na força de seu primeiro single, 'All Time Low', fica difícil contrariar". O crítico elogiou "as cordas de abertura, os vocais sólidos e acentuados, e as letras com ressonância emocional".

"All Time Low" não é uma canção previsível de uma *boy band*. Até mesmo os rapazes encontram dificuldades em defini-la. Tom acha que a música tem uma *vibe* indie-pop, mas não a considera totalmente indie. Max declarou ao 4Music que acredita se tratar de uma "canção pop muito boa". Nathan a considera um hino.

FILMANDO O CLIPE

Todo mundo sabe que, em algum momento, toda *boy band* faz um videoclipe em um armazém abandonado, então os garotos do The Wanted pensaram em usar esse galpão abandonado logo no início. Max brincou com um entrevistador dizendo que a locação parecia a casa que eles dividiam: cheia de lixo e com um aspecto bastante bagunçado.

No vídeo, Tom usa calças cinzas que, na verdade, são as favoritas de Max. Max ficou chateado com o fato de Tom ter roubado seu estilo porque, uma vez que as pessoas vissem o clipe, elas achariam que ele estava usando as calças de Tom nas entrevistas, muito embora Max as tivesse adquirido primeiro. E Max não queria parar de usar aquela peça, mas também não queria ouvir as pessoas dizendo "Ele roubou as calças de Tom". Quando Siva está sentado no vídeo, bem acima de Nathan (que está dançando), ele está usando um

---

[3] "Estou despedaçado, parece que a paz é a única coisa que eu nunca saberei." (N. E.)

colete de segurança para evitar acidentes caso houvesse uma queda. Ninguém queria que Siva corresse o risco de se ferir.

Além disso, durante a filmagem da parte em que Jay dança sobre pedras, ele acabou caindo diante de várias pessoas. Alguns membros do grupo pediram cerveja enquanto esperavam para filmar suas cenas, mas a resposta foi negativa – álcool não era permitido no set de filmagens. No total, os garotos tiveram de ficar acordados por mais de 24 horas para gravar o vídeo, apesar de ele ter apenas três minutos e 27 segundos de duração. Eles deviam estar muito cansados quando finalmente puderam ir para a cama, pois estavam acordados desde antes das cinco da manhã.

PROMOVENDO O SINGLE

Os garotos ficaram muito animados quando a cópia do single foi entregue a eles.

Os rapazes correram até a porta da casa onde moravam para receber as duas caixas. Quando abriram a primeira, encontraram canetas estilizadas do The Wanted. Elas eram legais, mas eles queriam ver o single o mais rápido possível, então se apressaram em abrir o segundo pacote. Tom pegou o CD e correu até a sala para colocá-lo para tocar. Os garotos amaram "All Time Low"! Veja a programação da Regional Radio Tour e você terá uma ideia de quão ocupados os garotos estavam durante a semana que antecedeu o lançamento do single (e veja só quantos quilômetros eles tiveram de viajar). A quarta-feira, em particular, foi um dia longo na estrada, e eles tiveram de conceder um total de sete entrevistas. Não é de se surpreender que os garotos não tivessem dormido muito naquela semana!

Segunda-feira, 28 de junho
09h30 – 10h00 Oxford FM (Oxford) – Entrevista ao vivo durante o café da manhã
11h30 – 12h00 Star Radio (Bristol)
14h00 – 14h30 The Wave (Swansea)
16h30 – 17h00 Red Dragon (Cardiff)

Terça-feira, 29 de junho
10h00 – 10h30 BRBM (Birmingham)
10h30 – 11h00 Galaxy (Birmingham)
12h30 – 13h30 Trent FM (Nottingham)
14h30 – 15h00 Lincs FM (Lincoln)
16h30 – 17h00 Hallam FM (Sheffield)

Quarta-feira, 30 de junho
09h30 – 10h00 Viking FM (Hull)
11h00 – 11h30 Radio Aire (Leeds)
11h45 – 12h15 Galaxy (Leeds)
14h00 – 14h30 The Pulse (Bradford)
15h30 – 16h30 In Demand (Manchester)
17h00 – 17h30 Real Radio (Manchester)
18h30 – 19h00 Silk FM (Macclesfield)

Quinta-feira, 1º de julho
10h30 – 11h00 Radio City (Liverpool)
12h00 – 12h30 Wish FM (Wigan)
13h00 – 13h30 Rock FM (Preston)

Sexta-feira, 2 de julho
11h00 – 11h30 Forth One (Edimburgo)
12h30 – 13h00 Real Radio Scotland (Glasgow)
13h30 – 14h00 Galaxy Scotland (Glasgow)
14h30 – 15h30 Clyde Radio (Glasgow)

Nathan, Jay, Siva, Tom e Max participam do programa de rádio Elvis Duran Z100, no Z100 Studios, em Nova York.

E eles estiveram ainda mais ocupados na semana do lançamento. Quando foram a Nottingham para uma sessão de autógrafos na HMV, a loja vendeu todas as seiscentas cópias do single. As garotas formavam uma fila enorme ao redor do quarteirão para terem uma chance de vê-los, e uma delas chegou a vir do Canadá para ter essa oportunidade. Jay amou receber tanto carinho em sua cidade natal e levou um dos pôsteres de papelão da HMV para guardar em seu quarto.

A semana do lançamento foi tão cheia de compromissos que às vezes eles não sabiam se estavam indo a um lugar para se apresentarem ou para uma sessão de autógrafos até entrarem em uma sala repleta de fãs gritando. Então, a empresária deles, Jayne Collins, dizia o que deveriam fazer. O fato de eles ainda terem voz no final da semana foi surpreendente! Algumas fãs davam presentes a eles quando chegava a vez de falar com os garotos durante as sessões de autógrafos. Nathan mostrou-se muito grato pelos *donuts* que recebeu para dividir com o resto do grupo – afinal, dar centenas de autógrafos o deixa faminto.

COMEMORANDO

Na verdade, os garotos começaram a comemorar o sucesso do single dias antes de a posição oficial das paradas ser anunciada (no domingo, 1º de agosto) porque estavam muito felizes de estarem no Top 20. Eles tinham ideia de que poderiam chegar à primeira posição porque "All Time Low" tinha estado no topo das vendas no meio da semana, mas não queriam se animar demais para não se frustrarem caso isso não acontecesse.

Nathan explicou ao *This Is Gloucestershire:* "No início da semana, ouvi que estávamos no Top 20 e corri escada abaixo para contar aos garotos. Nós esperávamos chegar ao Top 40... Na verdade, estávamos rezando para chegar ao Top 40. Então, estar no número 1 nos deixou completamente loucos. Os rapazes, os empresários, todos foram ótimos e nós nos saímos muito melhor do que esperávamos".

Os garotos estavam nos estúdios da Radio 1 no domingo em que receberam a notícia de que estavam no primeiro lugar das paradas, o que foi estranho considerando que essa era justamente a estação de rádio que havia se recusado durante semanas a tocar "All Time Low". A participação deles era no maior programa das paradas, então fazia sentido os garotos estarem lá, e não em alguma estação de rádio menor. O público da Radio 1 podia ouvir o que estava acontecendo e havia uma *webcam* no estúdio – portanto, as pessoas podiam acessar o site da rádio para assistir ao que estava acontecendo ao vivo. Os membros do The Wanted seguravam folhas de papel com sua posição nas paradas enquanto Reggie Yates lia em voz alta o Top 10. Todos eles faziam dancinhas espirituosas. Siva começou, mas Jay foi o mais engraçado, pois imitava as canções e olhava para a *webcam* como se estivesse realmente cantando. Toda vez que Reggie lia um número em voz alta, os garotos não sabiam se seriam eles, mas quando Nathan ficou parado com o pedaço de papel escrito "Número 1", eles sabiam que era nessa posição que estavam. Os garotos disseram a Reggie que estavam muito felizes e que se sentiam muito agradecidos antes de Max homenagear seu pai, sua avó e seu avô, que estavam fazendo uma festa. Jay pediu para mandar um alô para a empresária deles, que os havia encontrado e "virado suas vidas de cabeça para baixo". A empresária, Jayne, sentada ao lado de Siva, chegou a ficar com os olhos marejados. Ela adora os garotos e sentiu-se emocionada quando eles lhe agradeceram.

Além das fãs do The Wanted, as famílias de Max, Tom, Siva, Nathan e Jay também estavam ligadas no site para assisti-los ao vivo. E a família de Max não foi a única a dar uma festa. Os familiares de Tom festejaram em sua casa para poderem celebrar também com amigos. O pai de Tom, Nigel, estourou um champanhe para fazer um brinde ao seu filho e aos outros garotos. Foi uma pena Tom não poder estar lá, mas ele teve uma noite excelente. Os jovens cantores seguiram para o Whisky Mist, um clube da moda no distrito de Mayfair, em Londres, frequentado por membros da família real, jogadores de futebol e estrelas do mundo pop. O Whisky Mist é um clube exclusivo, portanto, somente associados podem entrar. Eles fizeram uma festa e vários rostos famosos compareceram à comemoração – incluindo a adorável Leona Lewis. Os jornais noticiaram no dia seguinte que Leona e Max ficaram conversando no bar e trocaram números de celular, mas nenhuma declaração oficial foi dada. Os garotos beberam champanhe e as coisas acabaram ficando um pouco bagunçadas. Tom chegou a manchar seu colete cinza, mas não deixou que isso arruinasse sua noite.

Eles passaram o resto do mês comemorando, já que estavam muito felizes de terem chegado à primeira posição das paradas e não queriam que a festa terminasse.

Jay adora "All Time Low" e como a canção mudou sua vida e, por isso, está considerando a ideia de ter uma lembrança duradoura do single. Ele confessou ao *Daily Star*: "Estou pensando em fazer uma tatuagem com o nome do primeiro single. E não vou me arrepender, pois estaremos no mundo da música por muito tempo".

Max é igualmente apaixonado quando o assunto é o grupo e disse a um jornalista da *Crave on Music* no Party in the Park de Leeds: "Se chegarmos ao primeiro lugar das paradas, vou tatuar 'The Wanted' no meu traseiro".

Siva não queria uma tatuagem de "All Time Low" para lembrar-se do single, então, em vez disso, foi a uma loja de guitarras e comprou um instrumento especial que estará para sempre em seu coração.

Muitas bandas tentam ter um single na primeira posição, mas não conseguem. Muitas vezes elas até têm uma boa canção, mas só conseguem chegar ao segundo ou terceiro lugar. O The Wanted conseguiu chegar ao número 1 logo em sua primeira tentativa. O Celebritain.com perguntou a Max como eles acertaram tão rapidamente. Ele respondeu: "Eu não tenho ideia. Não sei. Trabalhamos duro, mas simplesmente acordamos de manhã, vamos e fazemos. Não achamos que deveríamos estar no primeiro lugar. Eu realmente não consigo entender. Lori e Jayne trabalham todos os dias, sempre fazemos vídeos e elas precisam organizar tudo para trabalharem como escravas o tempo todo".

Muito embora o grupo tenha cantado "All Time Low" centenas de vezes, eles ainda adoram apresentar a canção, e também adoram ouvi-la no rádio. Os garotos ficaram muito animados quando a música foi tocada pela primeira vez em uma balada.

Em 15 de agosto de 2010, Jay escreveu no Twitter: "Estamos em Blackpool e pela primeira vez estávamos em uma danceteria que tocou nossa música – Demais!!!!!! Ninguém dançou, ficou louco, bateu os ombros, mas nós sim! X Que noite incrível! Literalmente, todos que conhecemos foram demais – aquele grupo na lanchonete de manhã, se vocês estiverem lendo isso, vocês foram demais!".

Imagine estar em uma lanchonete nas primeiras horas do dia e ver o The Wanted passar ou pedir comida... Você pensaria estar sonhando!

O PRÓXIMO PASSO

Antes de o single ser lançado no Reino Unido, os garotos sabiam que a gravadora iria querer que eles o promovessem em outros países se a canção fosse bem-sucedida. Eles sabiam que a Alemanha seria o primeiro país, mas que poderiam acabar fazendo uma turnê pela Europa se as pessoas fora do Reino Unido realmente gostassem de sua música.

Em 16 de agosto, apareceu no Twitter de Tom: "RT @thewantedmusic: A todos os fãs do TW na ALEMANHA! Enviem-nos uma mensagem pelo Twitter & incluam #TWGermany em sua resposta. Mal posso esperar. Nunca estive na Alemanha X".

AMIGOS

Max sempre adorou ir a pubs com seus amigos e familiares para uma (duas ou três) canecas de cerveja nas noites de sexta-feira. Ele já não pode fazer isso com tanta frequência agora que vive em Londres, mas, sempre que tem a oportunidade, volta para sua casa em Manchester. Seus amigos estão muito felizes por ele e sentem tanto orgulho que não se importam com o fato de quase não vê-lo hoje em dia. Todavia, eles podem manter contato por meio de mensagens de texto e e-mails.

As duas semanas próximas do Natal e do Ano-Novo sempre

serão um ótimo momento para Max, Tom, Jay, Siva e Nathan encontrarem-se com aqueles que são seus amigos há anos. Essas são as pessoas em quem os garotos poderão confiar, já que os conhecem há tanto tempo, desde antes de eles se tornarem famosos. As celebridades precisam sempre estar atentas a quem se aproxima delas, pois sempre há alguém que quer vender histórias para jornais e colocar os artistas em maus lençóis.

Além de seus antigos amigos, desde que entraram para o grupo os garotos criaram laços com celebridades. Eles são muito próximos das garotas do The Saturdays, mas atualmente não as veem com tanta frequência, já que os dois grupos vivem muito ocupados. Mesmo assim, eles se encontram em alguns shows e premiações.

Jay, Siva, Nathan, Max e Tom são todos bons amigos, mas uma ou outra discussão acaba sempre acontecendo. Isso não é surpreendente, levando em conta que os garotos têm personalidades muito diferentes e estão o tempo todo juntos, passando o dia dando entrevistas ou se apresentando antes de voltarem para casa. Eles até saem de férias juntos!

ANIVERSÁRIOS

Em seu aniversário de vinte anos, Jay não pôde ir para casa passar a data com sua família, então a banda quis garantir que ele tivesse um ótimo dia. Eles providenciaram um bolo e Max lhe deu um beijo na bochecha para "dar as boas vindas à idade adulta".

Quando chegaram à Radio 1 para uma entrevista, havia muitas fãs no local, e todas elas cantaram "Parabéns a você". Jay recebeu tantos presentes, cartões, bolos e balões que teve dificuldades em carregar tudo para dentro do prédio. As fãs o mimaram durante todo o dia, mas também deram alguns presentinhos aos outros membros do grupo, para que eles não se sentissem deixados de lado. Siva recebeu uma caneca de leite e alguns biscoitos Oreo. Max recebeu uma incrível lembrança: um conjunto de livros, CDs, cópias de artigos de jornais e vários outros itens relacionados a Elvis. Foi o melhor presente que Max recebeu de uma fã – e aquele dia sequer era seu aniversário.

Um dos presentes mais queridos de Jay é um pôster emoldurado de *Avatar*, com cenas do filme nas bordas – algo que ele recebeu em seu aniversário. Uma fã lhe deu um cartão da Starbucks para que ele pudesse ir beber café. Esse foi um presente muito bem pensado. Seu cartão de aniversário favorito foi um personalizado – um cartão que mais parecia um jornal. A manchete era "Notícias quentíssimas! Jay McGuiness agora faz parte dos Na'Vi!", e o cartão trazia uma imagem do cantor com o rosto azul (assim como os personagens de *Avatar*). O presente foi enviado por Lauren Hembrough e sua amiga.

APRESENTAÇÕES

Todos os garotos adoram a oportunidade de fazer performances, independentemente do tamanho do público. E todos eles têm suas cidades favoritas para a realização dos shows. Jay adorou se apresentar em Nottingham porque seus amigos e familiares foram assisti-lo. O evento se tornou ainda mais especial quando Jay os viu usando camisetas e segurando faixas com seu nome. E ele provavelmente se sentiu mais nervoso em um primeiro momento, mas logo que começou a se apresentar, esqueceu-se de tudo e concentrou-se apenas em cantar "All Time Low" da melhor forma possível.

Max concorda com Jay, e achou que o show no Royal Concert Hall de Nottingham foi a melhor apresentação que o grupo havia realizado até aquele momento. Minutos após a apresentação, ele confessou ao *Nottingham Post:* "Quando saímos do palco, estávamos tremendo e estremecidos. Os outros shows que fizemos foram em Wembley e na O2 Arena, mas essa foi literalmente a melhor plateia que já tivemos. Foi incrível. Todos estavam dançando e cantando com a gente. Foi muito bom! Estou energizado! Estou sorrindo de uma orelha à outra".

Embora somente Jay tenha uma verdadeira paixão pela dança, os outros garotos não conseguiram evitar uma ou outra aula para aprender alguns passos. A gravadora contratou Brian Friedman, do *The X Factor,* para ajudar a coreografar as apresentações em casas de show maiores. Os astros precisavam ser capazes de se movimentarem no palco durante as performances em Wembley e na O2 Arena, ou então os shows pareceriam ruins se comparados às demais atrações com que eles estavam dividindo o palco. O público esperava ver um pouco de dança, e não apenas Jay, Max, Tom, Nathan e Siva parados no mesmo lugar. Brian sempre buscou garantir que os garotos trabalhassem duro durante as sessões de dança, forçando-os a fazer flexões como punição se não tentassem com muita vontade.

Jay explicou ao *Metro* como as coisas funcionavam: "Ele fazia uma grande sequência e então separava os trechos em que não nos saíamos bem. Também nos deixou com boa aparência fazendo aquilo que conseguíamos fazer. Ele foi muito inteligente em sua forma de trabalhar para a gente. Se conseguíssemos dar cambalhotas para trás, faríamos isso, mas não temos essa habilidade".

Tom achou a apresentação em frente a 70 mil pessoas em Wembley, durante o Summertime Ball, realmente cheia de emoção, e foi um de seus shows favoritos até hoje. Logo depois do evento, ele contou à 95.8 Capital Radio: "Foi a sensação mais incrível da minha vida. Quando saímos do palco, passamos a comparar quem tremia mais. E era eu!".

A multidão os adorou, e Max não conseguia acreditar no que estava vendo, já que o show aconteceu em junho de 2010, quando "All Time Low" sequer tinha sido lançada. Ele precisou dizer a si mesmo para não babar durante a performance, já que não queria ficar constrangido diante de tantas pessoas observando cada um de seus movimentos: "Eu estava muito empolgado e minha boca começou a salivar. Aí eu pensei que realmente começaria a babar. Mas acho que consegui não fazer isso".

Antes do início do evento, os garotos pensavam que não mereciam fazer um show em Wembley porque ainda não tinham, em sua carreira, uma sucessão de álbuns no topo das paradas, mas apenas queriam fazer shows. Alguns artistas precisam esperar anos para conseguirem se apresentar em Wembley, e esse é muitas vezes o ponto alto de suas carreiras. Os garotos do The Wanted alcançaram esse objetivo logo de cara. Tom, Max, Siva, Nathan e Jay querem voltar a fazer muitos e muitos shows em Wembley.

Os garotos também tiveram seu próprio camarim no evento, e ganharam coisas incríveis. Cada um recebeu um iPod Touch, algo que Max realmente adorou, já que não tinha um antes. Na noite anterior, Nathan acidentalmente quebrou o laptop de Max, então tentou compensar a perda oferecendo ao colega seu iPod Touch, mas Max não aceitou. Eles também receberam barras gigantes de chocolate Dairy Milk, relógios da Guess, convites para os Champneys Health Resorts e uma série de outros presentes. Era como se fosse Natal. Mais tarde, quando estavam nos bastidores, observaram as portas de todos os camarins e viram os nomes de todos os incríveis artistas com quem dividiriam o palco: Pixie Lott, Dizzee Rascal, Alexandra Burke e muitos outros. Max foi até o banheiro e pensou ter ouvido Alexandra Burke no cubículo ao seu lado – o que o deixou muito nervoso. Você pode encontrar um vídeo muito legal do The Wanted nos bastidores do Summertime Ball no YouTube.

"All Time Low" tinha acabado de começar a tocar nas rádios naquela semana, então os garotos se surpreenderam ao verem metade da multidão cantando as palavras de volta para eles. E eles acham que a outra metade tentou participar do coro quando chegaram ao refrão.

Quando o show em Wembley chegou ao fim, eles não conseguiram nem mesmo parar e refletir sobre o que tinha acontecido, pois precisavam promover "All Time Low" em todos os cantos possíveis. Nas seis semanas que se seguiram, eles se apresentaram diante de aproximadamente 300 mil pessoas. Isso significa muitas apresentações.

VOCÊ SABIA?

Embora os garotos já tenham realizado centenas de shows, eles ainda ficam muito, muito nervosos antes de entrarem no palco. Às vezes, eles têm a sensação de que enfrentarão um acidente. Porém, quando a música surge e eles começam a cantar, passam a se sentir bem. E as apresentações os deixam muito cheios de energia!

Siva e Nathan durante o show do The Wanted no festival Kiss 108 Jingle Ball 2012, no TD Gardem, em Boston, Massachusetts.

Brian Babineau/Getty Images

AUDIÇÕES

Os garotos precisaram passar por audições para conseguir entrar na banda. Siva recebeu um telefonema falando sobre elas; Nathan ficou sabendo pela Agência Sylvia Young e os outros responderam a um anúncio no jornal *The Stage*, o qual já foi usado para reunir ótimas bandas ao longo dos anos, incluindo as Spice Girls. O anúncio foi colocado por Jayne Collins, que viria a se tornar a empresária da banda.

Muitas pessoas queriam fazer parte do grupo, então Jayne realizou grandes audições. As primeiras delas aconteceram em fevereiro de 2009. Ela viu muitos garotos talentosos durante os nove meses necessários para escolher os cinco membros finais. Jayne escolheu Tom, Nathan e Jay primeiro. Esses três membros só precisaram participar de duas audições, e ela logo percebeu que eles seriam perfeitos para a banda, e ficou impressionada, em especial, com a voz de Jay. Então, escolheu Siva e Max durante uma segunda rodada de audições, já que pensou que eles complementariam o talento dos três primeiros. O anúncio oficial de quem estava no grupo veio no outono. Muitas pessoas pensam que os membros só se conheceram quando se reuniram, mas isso simplesmente não é verdade. Ao longo de todo o processo de audições, eles tinham visto uns aos outros. Siva conheceu Jay primeiro porque os dois participaram do mesmo grupo harmônico durante parte da seleção.

Tom, Nathan, Jay, Max e Siva não se sentem envergonhados por terem sido "fabricados". Eles apreciam plenamente o trabalho que Jayne e sua equipe realizaram para estimulá-los a criar a excelente banda que são agora. Trata-se de cinco garotos bastante diferentes, mas que se dão muito bem. Siva revelou ao 4Music: "Eu acho que se tivéssemos personalidades parecidas demais, as coisas não funcionariam, porque haveria competição". Tom acrescentou: "Tem espaço para todo mundo".

ABCDEFGHIJKLMNOPQRSTUVWXYZ

B É DE...

BOY BANDS

O The Wanted é uma *boy band* e não tem vergonha disso. Durante muitos anos, houve um estigma ligado a esse tipo de grupo, ainda mais às *boy bands* "fabricadas". O JLS percorreu um caminho mais fácil porque os membros apareceram juntos no *The X Factor*. Jo Whiley, DJ da Radio 1, disse ao jornalista Dean Piper quando eles estavam conversando sobre o The Wanted: "Trata-se simplesmente de algo muito calculado: reunir alguns garotos bonitos. Não é novidade alguma".

Jay acredita que ser rotulado como *boy band* é algo positivo, e quer ver mais grupos desse tipo nas paradas. De muitas formas, ele está certo. Desde Blue (e eles se separaram em 2005), com a exceção do JLS, não há outras *boy bands* realmente interessantes. E, no fundo, não há outra palavra para a mídia descrever o The Wanted, já que eles realmente são uma *boy band*. Max explicou ao 4Music porque acredita que este se tornou "um termo nada *cool*". Ele declarou: "Acho que chegou um ponto em que as *boy bands* não eram consideradas uma coisa legal. Mesmo se você admitisse gostar de algo de uma dessas bandas, você se tornava alguém que não era legal".

Os garotos têm vozes excelentes e ótima aparência, mas os entrevistadores ainda querem saber o que os torna únicos. O The Wanted sempre diz que é Siva, já que o integrante é um dublinense asiático, algo que nenhuma outra *boy band* tem.

Entrar para o grupo era algo importante para Jay, e ele decidiu fazer sua lição de casa. O cantor revelou ao *Metro:* "Eu era um grande *nerd* quando entrei para esse grupo, e então decidi fazer uma pesquisa completa sobre *boy bands*. E não encontrei nenhuma com a qual sejamos parecidos. O Westlife simplesmente fica parado e cantando; nós pulamos como idiotas. Temos passos de dança, mas não somos tão bons quanto o N'Sync. Acho que somos uma nova espécie de banda. Mas talvez eu esteja exagerando".

Se os garotos tivessem que escolher qual é a melhor coisa de se estar em uma *boy band*, Max e Tom responderiam "as garotas", uma vez que eles adoram a atenção que recebem de suas lindas fãs. Nathan diria estar no palco e se apresentar, pois sempre quis fazer isso, desde os seis anos de idade. Os demais integrantes do grupo acham que Nathan é o membro mais preguiçoso do The Wanted, mas ele não concorda. Jay adora estar no palco, mas também adora a atenção que recebe das garotas – então, para ele seria impossível escolher. Siva, o amante de Skittles, admite que adora quando recebe Skittles das fãs, mas deve estar brincando, já que há coisas melhores do que isso na vida de um membro do The Wanted.

Se eles tivessem que escolher uma palavra para se descreverem, Tom usaria "atrevido", Nathan preferiria "bonitinho", Jay lançaria "*nerd*", Max escolheria "sexy" e Siva optaria por "zen". Siva afirma que "zen" significa ser o mais calmo. E, muito embora Max tenha ficado com a palavra "sexy", ela se aplicaria a todos eles, já que todos são muito, muito sexys!

Os garotos não são apenas cantores bonitos; eles também sabem tocar instrumentos musicais. Jay disse ao Nokia Music: "Siva e Tom são realmente músicos. Ambos tocam guitarra e Nathan toca piano. Nós realmente nos importamos com o lado musical de tudo isso e queremos criar boas canções que nos agradem quando as ouvirmos. É claro que não se pode dizer que outras *boy bands* não querem isso, mas, pela minha experiência, elas soam um pouco... não criadas, mas fabricadas".

BULLYING

Quando os integrantes do grupo vão a clubes noturnos, Nathan recebe provocações de garotos invejosos, que não gostam da forma como as garotas prestam atenção demais nos jovens do The Wanted. Eles querem que as garotas os notem, e então descontam em Nathan, já que ele é o mais novo. Jay, Max, Siva e Tom percebem quando isso acontece, e passam a defender seu colega. Eles não deixam ninguém maltratar Nathan. Porém, os garotos da banda podem provocar uns aos outros sem que isso se torne ofensivo, já que fazem isso apenas por diversão e as palavras não são realmente sinceras.

Já houve momentos desconfortáveis em que a banda acidentalmente chateou alguma fã e ela teve a impressão de estar sendo vítima de provocações. Certo dia, eles estavam conversando com uma fã e um dos membros da banda estava ausente. Alguém disse que estava faltando um dos caras e Jay falou à fã: "Você pode ser o cara extra". A garota ficou realmente chateada e pensou que Jay estivesse dizendo que ela parecia um homem. Ele não teve a intenção de soar maldoso, mas somente quis dizer que ela poderia estar na banda. Se tivesse dito a mesma coisa a cem garotas, 99 delas entenderiam a intenção dele e somente uma compreenderia de forma equivocada... E, por falta de sorte, ele falou com a garota errada!

Outro momento em que Jay teve problema com uma fã ocorreu quando ela estava tirando uma foto com Max. Jay admitiu a *Teen Today* que fez o sinal de paz e amor atrás da cabeça da garota para se divertir e ela ficou furiosa, dizendo a Jay que o odiava. A garota provavelmente não estava falando sério, mas às vezes os membros da banda esquecem que, para as fãs, ter a oportunidade de conhecê-los pode ser algo que só acontece uma vez na vida, e elas querem que esse momento seja perfeito.

A mídia parece adorar provocar o The Wanted sempre que possível, mas Max, Tom, Siva, Nathan e Jay não se deixam atingir. Eles se recusam a entrar no papel de vítima. Ninguém gosta de ler comentários negativos sobre si na imprensa, mas quando os jornalistas atacam um membro da família dos garotos, isso realmente machuca.

No futuro, será ótimo se os meninos da banda puderem se tornar ativistas de alguma instituição de combate ao *bullying*, pois eles sabem o que é ser vítima e, para muitos, os garotos são modelos de como agir. Eles poderiam ensinar as crianças que elas jamais devem ouvir os valentões quando eles dizem a elas que não podem ser o que querem ser. Alguns anos atrás, quando eles diziam querer ser parte de uma *boy band*, as pessoas riam e diziam que isso jamais aconteceria – e eles provaram que essas pessoas estavam erradas. Toda a banda seria capaz de inspirar crianças a sonhar alto.

A B C D E F G H I J K L M N O P Q R S T U V W X Y Z

C É DE...

CARIDADE

A fama permitiu que Max, Tom, Siva, Nathan e Jay pudessem ajudar a levantar uma grande quantidade de dinheiro para trabalhos sociais, e eles estão sempre dispostos a fazer parte do que for possível para ajudar.

Em junho de 2010, o The Wanted apresentou-se na Cash for Kids Night, em Hamilton Park, para levantar dinheiro com o objetivo de ajudar crianças carentes da região. Os garotos fizeram um dos shows de abertura antes de o The Saturdays tomar o palco. Naquela época, eles ainda não tinham lançado seu single, então seria impossível afirmar que eles estavam tentando promover a canção. Na realidade, eles participaram do show porque queriam fazer algo para uma instituição de caridade na qual confiavam. O The Wanted são apenas cinco jovens sinceros que adoram passar seu tempo livre ajudando outras pessoas.

Em agosto de 2010, os rapazes se voluntariaram para ir até a Escócia para participar de uma feira itinerante de caridade. O evento era apoiado pela Real Radio e pelo *The Scottish Sun* e tinha como objetivo levantar a maior quantidade de dinheiro possível para a Children's Hospice Association of Scotland. Muitas celebridades doaram itens para serem vendidos nas tendas montadas nos carros, mas o The Wanted queria estar lá pessoalmente. Eles fizeram uma apresentação ao lado de Alesha Dixon e doaram vários itens autografados de seu *merchandise*.

Os garotos adoraram se apresentar no Heroes Concert, no Estádio de Twickenham, em 12 de setembro de 2010. O show foi criado para coletar dinheiro para o Help For Heroes, uma entidade que ajuda soldados e ex-soldados feridos, e também seus familiares. Os membros do The Wanted disseram que, quando foi anunciado que seriam parte do evento, "foi um prazer absoluto participar desse show. Nossos soldados fazem um trabalho fantástico e, se pudermos ajudar de alguma forma, é isso que faremos. Help for Heroes é uma instituição fabulosa, e para nós foi uma honra termos sido chamados para cantar".

CASA

Atualmente, a casa dos cinco garotos fica em Londres, e continuará assim enquanto eles forem parte do The Wanted. Os membros da banda precisam morar em Londres porque é lá que estão os estúdios de gravação e de TV e praticamente tudo o que eles precisam fazer além de promover seus singles e álbuns.

A primeira casa dos garotos ficava na área de Wandsworth, em Londres, e era uma propriedade com sacada e cinco quartos, de modo que cada um tivesse o seu espaço particular. O imóvel estava à venda por algo em torno de 800 mil libras, então os garotos tiveram sorte de a gravadora ter escolhido um local tão legal para eles – o The Wanted poderia ter recebido um apartamento ruim de três quartos, onde teriam que dividir os dormitórios. A casa tem uma adorável porta principal azul, além de cozinha e sala de estar grandes.

Os garotos do The Wanted não são os únicos famosos vivendo em Wandsworth. O ex-primeiro ministro Tony Blair, o jogador de tênis Andy Murray e o astro de *Harry Potter*, Daniel Radcliffe, escolheram viver nessa região. Wandsworth também tem outros residentes famosos, como Mark Owen, do Take That; o ex-membro do G4, Jonathan Ansell; e a apresentadora do *This Morning*, Holly Willoughby.

Viver juntos em Wandsworth foi um grande desafio para os garotos no começo, já que eles não tinham suas mães para cuidar deles. Aos poucos, melhoraram na cozinha e na limpeza. Siva pode ter sido apelidado de "Siva, a Diva" pela empresária da banda, mas, no fundo, nenhum deles é estrelinha. Os garotos precisavam lavar e secar as roupas em varais na cozinha. Max e Tom são os mais bagunceiros, e duas faxineiras já desistiram deles. Uma delas estava na metade do serviço quando desistiu – e ela nem tinha visto o quarto de Tom, que é o pior de todos. O quarto de Nathan é sempre o mais organizado e os garotos inspecionam seu quarto antes de ele ir para a cama, para ver se algo está fora do lugar – mesmo às duas horas da madrugada!

Como a primeira casa dos garotos era grande, todos eles podiam ter camas de casal – o que era ótimo quando eles precisavam se esticar. O local era especialmente prático quando o cachorro de Max vinha de Manchester para passar alguns dias com ele. Elvis é um cachorro enorme, que baba por todos os lados. Cachorros da raça dogue de bordeaux também são muito fortes, então é importante que sejam treinados desde filhotes a caminharem com guia, do contrário podem derrubar as pessoas. Deve ser muito legal para Max quando Elvis passa alguns dias com ele, mas levá-lo para passear na chuva provavelmente não é algo divertido. Max e Elvis têm uma relação muito próxima. Seria ótimo se os garotos pudessem arrumar um cachorro como mascote da banda, mas eles andam tão ocupados que algo desse tipo não seria nada prático. O único animal de estimação que eles realmente poderiam ter seria um lagarto, então eles arrumaram Neytiri, uma fêmea que vive em um aquário no quarto de Jay. Nathan contou em um comunicado da banda: "Ela nos trouxe várias memórias que ficarão conosco por muito tempo. Uma delas foi quando pulou na nuca de Siva. Ele não gostou nada daquilo e correu até o andar de baixo para que nós a tirássemos... Infelizmente, não chegamos a tempo, e ela fez cocô em cima dele!!! Que nojo!!!".

A casa do The Wanted estava realmente precisando de um toque feminino, já que eles tinham pôsteres nas paredes e não havia almofadas coloridas ou floridas. Tom contou ao *The London Evening Standard* durante a turnê promocional de "All Time Low": "Temos um jogo de dardos na porta, uma geladeira cheia de cerveja e um congelador cheio de pizzas. De que mais a gente precisa?".

Se os garotos tivessem uma noite de folga e não precisassem acordar cedo no dia seguinte para algo importante, Nathan preferiria simplesmente ficar em casa e assistir a filmes. Tom e Max gostam de sair, então provavelmente iriam a alguma balada. Eles adoram tomar um drinque e voltar para casa bem tarde. Nathan não gosta disso, em parte porque era jovem demais para sair de noite no começo da banda e, bem... ele gosta de ficar em casa.

Siva e Jay estão no meio desses extremos. Às vezes, gostam de ficar em casa com Nathan e assistir a um filme com o amigo; em outras ocasiões, preferem sair com Tom e Max. Realmente depende de como eles estão se sentindo no momento.

Nathan de fato vai a casas noturnas quando todos os outros vão para não se sentir excluído do grupo. Antes de completar a maioridade, os seguranças o deixavam entrar com a condição de ele não beber, então ele preferia algo não alcoólico enquanto os demais tomavam cerveja. Nathan completou dezoito anos apenas em abril de 2011. Agora, ele pode relaxar e tomar um drinque, se assim quiser, sem que os seguranças fiquem em seu pescoço.

Ter de viver juntos fez os garotos criarem vários laços que não existiriam se vivessem em casas diferentes ou em quartos de hotel. Dessa forma, eles podem conhecer o melhor e o pior lado de cada um. Para evitar discussões, o grupo estabeleceu um conjunto de regras para a casa, mas Nathan e Tom não conseguem deixar de quebrá-las de vez em quando. Eles precisaram criar regras para que, de manhã, todos estivessem prontos na hora certa. Os rapazes tomam "um banho de apenas dez minutos", mas essa é uma das regras que Nathan vive quebrando. Os outros quatro muitas vezes já estão prontos, esperando alguém buscá-los, e Nathan ainda está andando pela casa com uma toalha tentando se aprontar porque passou três horas no banheiro. O péssimo hábito de Tom é tirar o leite da geladeira e deixá-lo do lado de fora. Isso realmente irrita os outros garotos. Em entrevistas, eles sempre comentam sobre como esse hábito é irritante, mas Tom não consegue evitá-lo – é algo que ele sempre fez e um costume com o qual sua família sempre teve de conviver.

Siva acredita que viver na casa é como viver em uma república de estudantes, porém, em vez de irem assistir a aulas, eles vão cantar. Os garotos também não precisam viver com o orçamento de um universitário, o que é algo positivo. Isso significa que podem pedir comida sempre que têm vontade, sem se preocuparem com o quanto terão de pagar por isso. Os garotos estão vivendo o melhor momento de suas vidas. Eles costumavam frequentar o quarto de Max na primeira casa, pois ele era o único membro do grupo que tinha TV por assinatura.

A banda teve de deixar a casa em Wandsworth em 14 de agosto de 2010 porque a gravadora encontrou para eles um lugar ainda melhor. Em geral, as bandas costumam receber um *upgrade* quando um single decola, então esse era um momento esperado por algumas fãs do The Wanted. Atores passam pelo mesmo tipo de situação. Quando Robert Pattinson começou a filmar a saga *Crepúsculo*, vivia em um quarto de hotel sem janelas; já nos filmes posteriores, tinha sua própria suíte. Imagine, então, onde os garotos do The Wanted vão viver daqui a alguns anos, quando tiverem mais singles, álbuns e turnês de sucesso?

Muito embora eles tivessem se mudado para um lugar melhor, Nathan ficou muito triste. Ele escreveu em sua conta no Twitter: "Dia looooooongo, pessoal! Encaixotamos as coisas e nos mudamos em um dia! Não entramos no novo local até setembro, então... Suponho que estejamos sem teto agora...!!!".

Nathan era o que mais tinha o que fazer naquele dia, pois não começou a arrumar suas coisas até o horário do jantar, e todos precisavam sair até às cinco da tarde. Ele ficou com a tarefa de arrumar o banheiro enquanto os outros empacotavam os itens da sala de jantar e da cozinha, mas deixou tudo para a última hora. Siva e Jay mostraram-se os melhores em fazer pacotes, e garantiram que todas as fotos que receberam de fãs estivessem em local seguro, para que pudessem colocá-las nas paredes de sua nova casa. Tom estava com muita preguiça naquele dia e tentou tirar uma última soneca, mas precisou acordar quando as pessoas começaram a bater nas coisas e a arrastar os móveis.

Nos anos que estão por vir, os garotos provavelmente voltarão à casa, mesmo que seja para ficarem parados na calçada, olhando onde tudo começou para o The Wanted. Afinal, foi naquela casa que eles ouviram "All Time Low" tocadando no rádio pela primeira vez, e onde viram seu primeiro vídeo na TV. Eles também escreveram algumas das faixas do primeiro álbum naquele imóvel. Os garotos passaram momentos incríveis com fãs do lado de fora e uns com os outros dentro da casa!

Em um comunicado, Nathan falou sobre suas memórias favoritas dos tempos em que a banda vivia na casa. Na ocasião, escreveu às fãs sobre a mudança: "Nós também vimos Jay preso no porão, vimos agentes imobiliários olhando a casa para mostrar às pessoas enquanto estávamos sentados, assistindo TV, com quase mais nada dentro do imóvel. Fizemos piadas hilárias (e algumas bastante horríveis) uns com os outros. Por exemplo, Jay e Siva pensaram que seria boa ideia esconder-se em meu quarto por dez minutos antes de eu ir para a cama e eles pularam em mim no escuro. Mas devo admitir que me vinguei assustando-os durante um filme de terror!".

Ele encerrou o comunicado dizendo: "Portanto, de muitas maneiras mudar de casa é uma forma perfeita de colocar um ponto final em um capítulo da vida do The Wanted! Passamos momentos incríveis e conhecemos muitas pessoas maravilhosas, incluindo todas vocês que tivemos o privilégio de conhecer!!!! Ah, e também chegamos ao NÚMERO 1!!!! Portanto, é hora de seguir para o segundo capítulo! Para nossa nova casa! Novos rostos! O segundo single "Heart Vacancy", o álbum!!! Porém, com o capítulo 1 completo, jamais seríamos capazes de estar onde estamos ou de nos mudarmos sem todos vocês, sem a ajuda que recebemos das pessoas com quem trabalhamos, e sem o incrível apoio de todas as fãs. Então, gostaria de encerrar essa semana com um enorme OBRIGADO a todos que participaram do primeiro capítulo!".

Observar seus pertences serem colocados na carroceria de um caminhão de mudanças foi realmente difícil e emocionante para os garotos, uma vez que eles estavam vendo suas vidas sendo guardadas por algumas semanas – o tempo necessário até que pudessem se mudar para a nova casa.

CELULARES

Ser uma celebridade e manter sua vida pessoal privada pode ser um desafio. As estrelas não querem que seu número de celular seja passado por aí para qualquer pessoa poder lhes telefonar a qualquer momento do dia ou da noite. Eles querem apenas que amigos próximos e familiares consigam entrar em contato.

Com o The Wanted, a situação não é diferente. Cada membro da banda tem um telefone normal e pelo menos um número falso para passar para as pessoas que acabaram de conhecer ou para as garotas que paqueram. Assim, eles podem manter seu número de telefone privado e evitar que ele vá parar em mãos erradas.

CICATRIZES

Quando era mais jovem, Tom envolveu-se em alguns acidentes e, por conta disso, tem quatro cicatrizes em seu rosto. Em um dos lados da testa, tem uma marca de quando caiu de um cavalinho de brinquedo. Do outro lado da testa, tem uma cicatriz de quando correu na direção de uma porta de vidro, pensando que ela estava aberta. Tem também uma cicatriz na bochecha que foi resultado de um jogo de futebol e uma marca de catapora entre as sobrancelhas.

Tom é tão inclinado a se envolver em acidentes que, quando os garotos decidiram participar de uma corrida de karts em um parque, Tom fez uma curva acelerando demais, caiu e levou consigo o assento do brinquedo. Ele já estava milhas atrás dos garotos quando conseguiu consertar seu kart. Depois que os cantores tinham corrido por algum tempo, acabaram trombando uns com os outros simplesmente pela diversão. Garotos são garotos...

Tom contou a *Bliss*: "Se eu sofro um corte ou um ferimento pequeno, em dois minutos já tenho um inchaço. Outro dia, me acertaram com uma bola e depois de cinco minutos já estava como Sylvester Stallone.".

COMIDA

Diz o ditado que se ganha o coração de um homem pelo estômago, e isso certamente é verdade quando estamos falando dos garotos do The Wanted. Eles adoram comida.

Max ama pizza (em especial as do Domino's) e o freezer do The Wanted está sempre cheio delas para que eles possam devorar quando chegam tarde em casa. Ele adora começar o dia com um café da manhã tipicamente inglês preparado por sua avó, mas, agora que mora em Londres, não pode fazer isso com a frequência que gostaria. Se Max vai a um restaurante ou a um pub com os outros rapazes, ele provavelmente escolheria bife com fritas e uma caneca de cerveja.

Siva adora doces, em especial os brownies de chocolate. Também gosta de *Shepherd's Pie* (torta do pastor) e ensopados preparados em casa. Jay é mais parecido com Max, e adora uma boa pizza. Prefere pratos que sejam fáceis de preparar e gosta de sanduíches de queijo e fritas. Entretanto, às vezes ele exagera – como no bate-papo que a banda realizou no Habbo, quando Max comeu onze pacotes de salgadinhos. Ele simplesmente ficou ali, mastigando, enquanto respondia às perguntas.

Tom é o melhor cozinheiro da casa e adora pratos chineses e italianos. Ele cozinha muitas vezes para o restante da banda, e normalmente prepara mais comida do que seria necessário, e então sempre há sobras. Tom simplesmente enfia tudo em uma panela e cria refeições saborosas que os outros adoram.

Nathan se descreve como um péssimo cozinheiro e é, de longe, o pior piloto de fogão do The Wanted. Quando os garotos precisaram realizar uma entrevista com jantar para o programa *519*, Nathan recebeu a tarefa de preparar a refeição. Era uma imitação de um programa de culinária, então Nathan esquentou barras de chocolate e as serviu em uma cama de espinafre. A aparência era nojenta, mas os outros rapazes permaneceram em seus personagens e fingiram que derretiam barras de chocolate o tempo todo. Foi muito engraçado!

Nathan adora comer espaguete à bolonhesa e uma boa carne assada, mas atualmente não pode ter isso, já que não tem sua mãe ao seu lado para cozinhar. Se ele quiser comer algo, deve preparar com as próprias mãos, ou então precisa comer o que os demais garotos prepararam. Ele diz que sabe cozinhar Cup Noodles, mas isso não conta – já que é só misturar água quente e mexer. Certa vez, já morando com os outros garotos, ele quase explodiu a cozinha quando colocou uma lata de sopa Heinz no micro-ondas. Santo Deus!

Quando os rapazes estão envolvidos com sessões de autógrafos e performances, eles não têm tempo para comer corretamente, e acabam levando chocolates na van e sentindo desejos por alimentos estranhos. Jay é fã de *scotch egg*, um bolinho que parece ser de carne com ovo cozido no meio. Às vezes, eles jogam chocolates da janela da van para as fãs. Elas gritam empolgadas e guardam o chocolate como se aquilo valesse ouro – e nem cogitam a ideia de comer o presente!

THE WANTED - EDIÇÃO ESPECIAL PARA FÃS

ABCDEFGHIJKLMNOPQRSTUVWXYZ

D É DE...

DESEJOS

Estar em uma banda fez Tom, Jay, Max, Nathan e Siva sonharem alto. Sua empresária, Jayne, e as demais pessoas nos bastidores sabem que eles têm grande potencial e podem alcançar tudo aquilo que querem se houver esforço.

Max sonha em ter um Brit Awards. Todo grande artista quer cantar na premiação e mostrar à elite da indústria da música o que seu trabalho representa.

Siva não teve a chance de desejar algo para o The Wanted no futuro. Ele está simplesmente desfrutando de cada momento do que lhe acontece agora. Todos os garotos ficaram ansiosos por terem seu próprio ônibus de turnê, mas sabem que estarão ainda mais ocupados cada vez que isso acontecer – afinal, é preciso dedicar muito tempo e energia para criar o melhor show para suas fãs, além de ser muito cansativo fazer apresentações de duas horas todas as noites. E essa situação dificulta ainda mais que Siva veja sua namorada, pois os garotos viajam por todos os cantos.

No início, Tom gostava de pensar que a banda visitaria um dia os Estados Unidos, sendo esse o seu grande desejo de então. Não são muitos os artistas ingleses que alcançam o sucesso nos EUA, então, para o The Wanted, ter uma música no Top 20 americano é uma grande conquista. Tom nunca teve problemas em sonhar grande, já que sempre foi ambicioso e sempre trabalhou duro.

O The Wanted pode ter algumas ótimas faixas em seu primeiro álbum, mas o desejo para os próximos trabalhos era gravar mais duetos. Eles adoram cantar ao lado de lendas da música. Todo o grupo gostaria de gravar algo com Stevie Wonder, mas os garotos não acham que o lendário Stevie toparia. Nathan acha que seria legal gravar algo com Dizzee Rascal e Siva adoraria fazer um show com Justin Bieber.

DISCOGRAFIA

THE WANTED

A boy band britânica-irlandesa estreiou com o álbum *The Wanted*, lançado pela Geffen Records. Boa parte das faixas foi composta pelos próprios integrantes do grupo. Esse primeiro trabalho contou com três singles, incluindo o já tão falado "All Time Low". O sucesso dessa música foi seguido dos singles "Heart Vacance" e "Lose My Mind".

TRACKLIST:

01.	All Time Low
02.	Heart Vacancy
03.	Lose My Mind
04.	Replace Your Heart
05.	High & Low
06.	Let's Get Ugly

07.	Say It On The Radio
08.	Golden
09.	Weakness
10.	Personal Soldier
11.	Behind Bars
12.	Made
13.	A Good Day For Love To Die

EDIÇÃO DE LUXO:

14.	The Way I Feel
15.	All Time Low (Digital Dog Club Edit)
16.	Heart Vacancy (Djs From Mars Remix)
17.	All Time Low (Vídeo)
18.	Heart Vacancy (Vídeo)

iTUNES FESTIVAL: LONDON 2011

Em 21 de julho de 2011 foi lançado com exclusividade para o iTunes o primeiro álbum ao vivo do The Wanted, chamado *iTunes Festival: London 2011*. Esse lançamento foi uma estratégia de marketing para divulgar o segundo álbum da banda, lançado em novembro do mesmo ano.

TRACKLIST:

01.	Glad You Came (Live)
02.	Gold Forever (Live)
03.	Heart Vacancy (Live)
04.	Animal (Live)
05.	Lose My Mind (Live)
06.	All Time Low (Live)

BATTLEGROUND

O segundo álbum do The Wanted saiu em novembro de 2011 e trouxe aos garotos um grande reconhecimento internacional. O hit "Glad You Came" estourou no mundo inteiro: quando essa música toca nas festas e baladas, a diversão é garantida! Comercialmente falando, esse CD teve mais êxito que o primeiro e as vendas aumentaram em 22,91%. Como o álbum teve uma vendagem de 100 mil cópias no Reino Unido, foi disco de ouro pela British *Phonographic Industry*. Com 7 mil cópias vendidas na Irlanda, *Battleground* foi certificado como Gold nesse país.

O The Wanted lançou quatro singles a partir de Battleground. "Gold Foverer" foi lançado para apoiar uma campanha da Comic Relief, uma instituição britânica que usa o riso para combater a miséria. Meses depois foi lançado o hit de grande popularidade "Glad You Came", atingindo o número 1 na UK Official Singles Chart, além de permanecer por cinco semanas no topo das listas da Irlanda. O sucesso dessa faixa não ficou apenas no Reino Unido e atingiu ótimas posições em países como Austrália, Nova Zelândia, Holanda, Canadá e Estados Unidos. Logo em seguida "Lightning" mostrou ser mais um dos sucessos dos garotos, atingindo o 2º lugar no Reino Unido e na Escócia. "Warzone" foi o quarto single de *Battleground*, com videoclipe filmado em Nova York.

TRACKLIST:

01.	Glad You Came
02.	Lightning
03.	Warzone
04.	Invincible
05	Last To Know
06.	I'll Be Your Strength
07.	Rocket
08.	I Want It All
09	The Weekend

10.	Lie To Me
11.	Gold Forever

EDIÇÃO DE LUXO:

12.	Dagger
13.	Rock Your Body
14	Turn It Off
15.	Where I Belong

THE WANTED - THE EP

Este foi o primeiro EP do The Wanted e serviu para divulgar o lançamento internacional do grupo. Seu objetivo principal era atingir os Estados Unidos. Lançado em 24 de abril de 2012, o álbum traz faixas tanto de *The Wanted* (2010) como de *Battleground* (2011), os dois álbuns de estúdio da banda, além de duas músicas novas: "Chasing the Sun" e "Satellite", que devem estar presentes no terceiro álbum. Tanto nos EUA quanto no Canadá o EP atingiu ótimas posições. "All Time Low", "Glade You Came" e "Chasing the Sun" foram os três singles lançados a partir deste trabalho.

"Chasing the Sun" não alcançou o mesmo sucesso que "Glade You Came", mas ainda assim é a segunda música do The Wanted a atingir maior popularidade internacional. O fato da faixa estar presente na trilha sonora de A Era do Gelo – 4 ajudou na divulgação deste trabalho, certificado como ouro nos EUA e Nova Zelândia e platina na Austrália.

TRACKLIST:

01.	Glad You Came
02.	Chasing The Sun
03.	All Time Low

04.	Satellite
05.	Lightining
06.	Heart Vacancy
07.	Gold Forever

EDIÇÃO DE LUXO

08.	Lose My Mind
09.	Warzone
10.	Rocket

THIRD STRIKE (?)

Os sites oficiais do The Wanted especulam que o nome do terceiro álbum de estúdio dos garotos seja *Third Strike*. A previsão de lançamento está para março de 2013. Dois singles já foram divulgados: "Chasing the Sun" e "I Found You". Este álbum será o primeiro do The Wanted a ter um lançamento internacional. Uma curiosidade sobre o videoclipe de "I Found You" é que ele foi gravado em Los Angeles, porém o The Wanted regravou as imagens no Reino Unido por motivos misteriosos que não foram divulgados. Ainda em janeiro de 2013, a gravadora voltou atrás e liberou a primeira versão.

ABCDEFGHIJKLMNOPQRSTUVWXYZ

E É DE...

EMPREGOS

Os garotos têm o melhor emprego do mundo agora, mas suas vidas poderiam ter sido muito diferentes se eles não tivessem decidido participar da seleção de Jayne Collins. Todos eles impressionaram, então Jayne os convidou para retornar. Ela percebeu desde o primeiro momento que aqueles cinco rapazes eram muito especiais.

Antes de participar das seleções para a banda, quatro dos cinco garotos não estavam chegando muito longe. Jay frequentava seleções de dança e não conseguia encontrar emprego, então decidiu trabalhar como garçom e vendedor de chaveiros em clubes noturnos para ganhar algum dinheiro. As garotas a quem ele serviu devem querer se matar quando o reconhecem na TV. Elas provavelmente pensam: "Por que eu não peguei o telefone dele?". Bem, elas poderiam estar saindo com um superastro se tivessem feito isso.

Max tinha, de algumas formas, desistido de seus sonhos no mundo pop e estava jogando futebol e recebendo bolsas do governo. Nathan ainda estava na escola, então vivia ocupado com as lições de casa e os exames. E provavelmente pensava que alguns anos se passariam antes de ele ter um emprego de tempo integral. O pobre Tom trabalhava no McDonald's.

Siva era o único que tinha algo certo, pois trabalhava com seu irmão como modelo para a Storm Model Management. Em março de 2009, eles apareceram no site The Ones2Watch, pois as pessoas na indústria da moda pensavam que os irmãos eram uma grande promessa. Além disso, Siva ainda ralava em um museu entre um ou outro trabalho como modelo.

Se a banda algum dia se separar, é muito provável que Siva, Tom, Max, Jay e Nathan queiram ser empresários e agentes de elenco como Jayne Collins. Eles acham que ela tem um ótimo trabalho e gostariam de ajudar a formar bandas. E seriam ótimos mentores para novos grupos, tendo em vista que eles mesmos já estiveram nessa posição. Os garotos sabem como é o início e a espera para ver seu primeiro single chegar às paradas.

Quando o assunto é trabalho, Tom tem ideias diferentes das dos demais membros da banda. Ele admitiu em um vídeo para o Wanted Wednesday que, se não fosse cantor, gostaria de ser jogador de futebol, mas que isso jamais teria acontecido porque ele não é bom o suficiente para ser um jogador profissional. Tom acredita que ser coletor de lixo seria divertido. Ou então ser fotógrafo para a revista *Nuts* ou para o *The Sun*. Tom realmente adora garotas!

ENDEREÇO PARA FÃS

Se você é um grande fã do The Wanted, então talvez queira entrar em contato com a banda. Os garotos estão constantemente indo de um lugar a outro, então é difícil segui-los diariamente. Se você quer lhes dizer quão bons eles são, pedir uma foto autografada ou enviar um presente que você fez ou comprou, então este é o endereço:

The Wanted
MAM
18 Exeter Street
WC2E 7DU
Londres, Inglaterra

Você pode enviar o que quiser aos garotos. Eles adoram receber cartões e desenhos de fãs, já que realmente apreciam o tempo e o esforço necessários para criá-los. Os integrantes da banda colocam os presentes favoritos recebidos das fãs em seus quartos e por toda a casa, para poderem olhar para essas peças várias e várias vezes. Se você quer que o The Wanted responda a sua carta, então, por favor, inclua no pacote um envelope já preenchido com o seu endereço. Talvez demore um pouco até você receber uma resposta, já que eles são muito ocupados, mas, por favor, seja paciente. Eles tentam responder ao máximo de pessoas possível, mas, se você não receber um retorno, por que não enviar outra carta? Os rapazes usam frequentemente o Twitter e o YouTube como canais para agradecer seus admiradores pelo o que recebem pelo correio.

Em sua casa, os garotos têm uma prateleira dedicada aos ursos de pelúcia que recebem de fãs, e outra prateleira exclusivamente para Skittles. Eles recebem tantos desses presentes que em breve pode ser que precisem de todo um armário para ursinhos e outro para Skittles. No entanto, a prateleira de docinhos costuma se esvaziar rápido, já que os garotos os devoram com frequência!

ESTRESSE

As pessoas pensam que fazer parte de uma *boy band* é um trabalho fácil, mas isso não é verdade. Tom, Max, Siva, Jay e Nathan passam por momentos de estresse extremo e precisam encontrar uma forma de lidar com isso. Eles se sentem sob pressão para fazerem com que cada single venda mais do que o anterior – o que é um desafio complicado, já que todas as músicas do The Wanted são incríveis.

Dois jovens fãs posam para uma foto com os membros do The Wanted. Essa imagem comprova como não há idade para ser um grande admirador da banda!

Quando Tom se sente estressado, ele relaxa tocando guitarra e cantando. Nathan gosta de sentar-se ao piano e criar suas próprias canções. Todos os garotos podem pegar o telefone a qualquer hora do dia ou da noite e telefonar para Jayne ou para seus pais em busca de conselhos e ajuda.

Os meninos do The Wanted sabem que o estresse é algo que vem com o fato de serem *pop stars*. Eles contaram ao Orange: "Todos nós sabemos que escolhemos estar em uma indústria que é implacável. Acho que, se você acha isso complicado, então essa não é a carreira certa para você. Tudo é muito diferente e muda muito rapidamente".

EXAMPLE

Example é um rapper e cantor britânico, cujo nome completo é Elliot John Gleave. Ele irritou o The Wanted e suas fãs em julho de 2010, quando declarou que a banda parecia formada por "figurantes de *Hollyoaks*", uma novela produzida no Reino Unido.

Example estava sendo entrevistado por The Razz no *In:Demand Live*, em Glasgow, quando foi questionado sobre o que achava de "All Time Low". Ele declarou que a canção era cativante, mas acrescentou: "Eles têm uma aparência perfeita, todos eles. É como se alguém os tivesse visto no set de filmagens e dissesse 'Quer entrar para uma banda?'".

O The Wanted ficou sabendo da declaração de Example e respondeu afirmando que o rapper parece Marlon, da novela britânica *Emmerdale*. Siva confidenciou em tom de brincadeira ao *Daily Record*, da Escócia: "Estou chateado por ele achar que parecemos figurantes, e não os atores principais". Nathan não viu o comentário de Example sobre os garotos parecerem figurantes de *Hollyoaks* como algo negativo, já que os atores da novela são bonitos.

Alguns dias depois, Siva viu Example no metrô e decidiu cumprimentá-lo, pois não quis simplesmente ignorar o rapper. Example escreveu em sua conta no Twitter: "Ele veio até mim e disse 'Oi, cara. Eu sou Siva. Adoro seu single. Não o reconheci com os cabelos penteados'".

Aparentemente, tanto Example quanto os membros do The Wanted decidiram esquecer o que foi dito e seguir adiante. Se eles se encontrarem outra vez, provavelmente trocarão cumprimentos e apertos de mão. Siva, Jay, Max, Nathan e Tom não são do tipo de pessoa que guarda mágoas.

EXERCÍCIOS

Não se pode ter a bela e torneada aparência de Tom e Max sem se exercitar. Nathan pode detestar exercícios, mas se quiser ter o corpo de Tom ou de Max, vai ter que encontrar tempo para praticar mais esportes. Se não quiser, todavia, as fãs não se importam – elas o amam como ele é.

Siva adora se exercitar e gosta de fazer flexões de manhã – e consegue fazer duzentas de uma só vez! Nathan é o oposto – não deve ter feito duzentos agachamentos em toda a vida. Max tem pesos em seu quarto para quando deseja se exercitar. Os garotos não precisam ir até uma academia para malhar. As pessoas pensam que os exercícios físicos não seriam prioridade para os vocalistas de uma *boy band*, mas eles são. Os cantores precisam conseguir se movimentar pelo palco e manter o fôlego, além de conseguirem fazer shows que duram horas – e muitas vezes mais de um show no mesmo dia. Ser parte de uma *boy band* não é como ter um emprego em horário comercial. De muitas formas, o trabalho do The Wanted é mais pesado do que o de outros artistas do meio musical, já que não ficam parados quando se apresentam e tampouco gostam de ficar sentados em banquinhos durante o show!

Os garotos estão tão ocupados o tempo todo que precisam se exercitar quando e onde podem. Às vezes, acordar meia hora mais cedo pode ser a melhor opção. Em outras ocasiões, eles só têm dez minutos para realizarem alguns exercícios antes de saírem para seus compromissos.

Quando foram participar de uma entrevista na Radio 2, Siva, Nathan, Tom e Jay tomaram o elevador, já que o estúdio ficava no sexto andar. Max concluiu que precisava se exercitar, então seguiu pelas escadas – e se arrependeu depois, ao perceber que cada andar tinha três lances de escada no total e, portanto, ele precisou subir dezoito lances de escadas. Max estava cansadíssimo e admitiu na entrevista: "Minhas coxas estavam queimando!".

A B C D E F G H I J K L M N O P Q R S T U V W X Y Z

F É DE...

FÃS

Os garotos do The Wanted acreditam ter as melhores fãs do mundo. Os meninos acham-nas tão dedicadas que, sem o apoio dessas seguidoras, eles não seriam nada.

As fãs adoram conhecer outras fãs e encontrar com a banda em sessões de autógrafos ou em shows. E muitas amizades floresceram por meio dos eventos da banda e do fórum oficial do The Wanted. A superfã Jessica Sproate revela: "Não há uma fã sequer do The Wanted que conheci e com quem não me dei bem, e é realmente legal poder ser parte de uma grande rede de apoio para a banda! Independentemente de quantas vezes você os encontra, eles estão sempre dispostos a se divertir com as fãs! Os garotos adoram brincar e beijam e abraçam todo mundo".

Siva, Nathan, Max, Jay e Tom sempre se impressionam com a perfeição com que suas fãs os desenham quando eles recebem pinturas – seja pessoalmente, seja pelo endereço apresentado anteriormente. Eles apreciam mesmo os desenhos que suas admiradoras levam horas e mais horas para fazer. E acham as fãs supertalentosas!

Uma quantidade enorme de fãs tenta registrar os garotos do The Wanted depois de um show em Nova York. E o assédio só tende a aumentar a cada ano!

Mike Coppola/Getty Images

Os garotos também adoram dar autógrafos, mas às vezes precisam assinar tão rápido que Max diz que suas iniciais começam corretamente, mas logo parecem letras diferentes. Tom não é muito bom com sua assinatura, então seus autógrafos nunca têm a mesma aparência. Porém, eles vão melhorar com a prática. Às vezes, os garotos passam três horas inteiras dando autógrafos porque não querem que nenhuma fã vá para casa com as mãos vazias. Quando estão viajando para fazer show atrás de show, costumam passar algum tempo assinando pôsteres e fotos para distribuírem depois. Às vezes, escrevem uma mensagem especial e pedem para as fãs que as recebem que mantenham contato.

Os garotos sempre se surpreendem com quantas pessoas aparecem para assistir às suas apresentações. Quando estavam promovendo "All Time Low", declararam ao Newsbeat: "Fizemos um show em Andover, e havia centenas e centenas de garotas. Nottingham e Birmingham também foram uma loucura".

Em julho de 2010, espalhou-se a notícia de que o The Wanted resgatou algumas fãs que ficaram presas longe de casa. Era uma hora da manhã e os garotos tinham saído do campo de críquete Old Trafford, em Manchester, quando foram vistos por fãs. Eles deviam estar muito cansados após a apresentação, mas sabiam que precisavam parar para falar com elas. Então, descobriram que as jovens não tinham dinheiro suficiente para tomar um táxi, e o pai de Max deu-lhes dinheiro do próprio bolso para garantir que elas voltassem para casa. As fãs devem ter ficado realmente felizes por ter a oportunidade de conversar pessoalmente com Jay, Siva, Max, Nathan e Tom.

A maioria das fãs do The Wanted são garotas jovens, mas algumas das características dos garotos atraem tipos diferentes de pessoas. Quando o Popjustice perguntou a Max quem compra o álbum do grupo, ele respondeu: "Eu diria que pessoas mais jovens, de doze a dezoito anos. Essa seria a idade predominante. Mas acho que talvez sejamos do interesse de pessoas mais velhas... Bem, temos uma canção com um *sample* de Ennio Morricone, de 'The Good, The Bad And The Ugly', e todas as mães, pais e irmãos mais velhos dizem que essa é sua favorita".

Os garotos adoram todas as suas admiradoras, mas há algumas de quem eles gostam mais. Eles são muito próximos das fãs que os apoiam desde o início, e conhecem-nas pelo nome. Quando as seguidoras do grupo são convidadas para escrever perguntas para entrevistas, os garotos com frequência reconhecem os nomes e dizem coisas como "ela é muito legal" ou "ela sempre faz boas perguntas".

Quando o BBC Switch perguntou aos integrantes do grupo se eles preferem fãs tímidas ou enlouquecidas, Nathan respondeu que prefere as tímidas; Max e Tom optaram pelas enlouquecidas; e Jay e Siva disseram que gostam de fãs tímidas e limpas. Pelo visto, eles acham que a higiene é muito importante.

Os garotos adoram a atenção que recebem nos shows, e contaram tudo sobre isso à revista *OK!*. Tom afirmou: "Outro dia, fizemos um show em um colégio e foi uma loucura total! Inicialmente, quando nos apresentávamos em escolas, ninguém nos conhecia, já que não tocávamos no rádio e não aparecíamos na TV, então era um pouco desconfortável. Mas esse dia foi incrível! Elas dominaram o palco!". Max acrescentou: "Beliscaram meu traseiro umas dez vezes – e uma delas o segurou pelo que pareceu ser horas!".

As fãs adoram beliscar o bumbum dos garotos sempre que podem. Elas simplesmente estendem a mão e agarram o traseiro dos garotos quando eles passam. Jay, Nathan, Max, Tom e Siva devem estar com os bumbuns inchados, pois algumas fãs apertam realmente com força. Certa vez, Siva sentiu garotas apertando seu traseiro na frente de uma estação de rádio, enquanto outras fãs tiravam fotos dos apertões. As fotos acabaram indo parar no Twitter para todos verem.

O primeiro pedido para Nathan posar para uma foto veio de uma fã que andava na rua, quando ele estava visitando sua casa. Nathan estava simplesmente caminhando sozinho na parte alta da rua e havia garotas esperando por ele na frente de algumas lojas. Ele ficou muito surpreso, já que alguns meses antes jamais teria imaginado algo desse tipo. Nenhum dos integrantes do grupo se vê como sendo superfamoso, muito embora eles sejam. Os garotos sabem, todavia, que isso é fruto da forma como tratam suas fãs. Desde que começaram e fizeram o primeiro show, reservam tempo para conversar com as admiradoras e ter a oportunidade de conhecê-las.

Max explicou às garotas do site de celebridades 3am: "Acho que nos conectamos com as pessoas porque realmente fazemos um esforço com nossas fãs. Conversamos individualmente com elas e lhes damos um abraço e um beijo. Somos muito gratos pelo apoio que elas nos oferecem".

Uma das maiores multidões de fãs nos primeiros dias da banda se reuniu quando eles fizeram uma sessão de autógrafos de "All Time Low" no shopping Westfield, em Londres. Mais de 1,5 mil fãs apareceram e formaram fila durante cinco horas para terem a oportunidade de conhecer a banda. Nathan, Tom, Max, Siva e Jay ficaram impressionados ao verem tantas fãs reunidas. Também ficaram eufóricos por receberem cartões e presentes de algumas admiradoras após assinarem seus CDs. Eles chegaram até mesmo a ganhar calcinhas de presente.

Algumas fãs assustam os rapazes quando agem de forma intensa demais e não os deixam ir. Algumas garotas perseguem a van dos meninos e não param de gritar. Batem na janela e tentam entrar no veículo. É bom mesmo que os garotos viajem em uma grande van, e não em carros, pois poderiam ter problemas, já que essas garotas batem nas laterais com os punhos fechados. Talvez elas tenham um momento de euforia intensa demais, mas quem poderia culpá-las? Afinal, com frequência, Tom está lá dentro e sem camisa!

Uma admiradora levou as coisas longe demais, conforme Max explicou ao *Mirror:* "Era uma fã perseguindo nosso carro. Ela se prendeu à porta e começou a lamber a janela. Havia moscas mortas em todos os cantos, e a janela ficou praticamente limpa quando a garota parou de fazer aquilo".

O pedido mais estranho recebido de uma fã até agora veio de uma jovem de Manchester que queria que os garotos assinassem a porta de seu carro. Eles preencheram toda a porta escrevendo "THE WANTED" com letras enormes e também com suas assinaturas. Os meninos não conseguiam acreditar que alguém poderia querer algo desse tipo. No futuro, essa porta valeria muito dinheiro se a fã a colocasse à venda no eBay. O pior presente que os garotos já receberam foi um absorvente usado, jogado no palco enquanto eles estavam se apresentando. A fã escreveu "Eu amo vocês". Foi um presente realmente nojento.

Se você ainda não teve a felicidade de conhecer o The Wanted, leia a história de Stacie Arme sobre a primeira vez em que ela os viu pessoalmente. Stacie é uma das maiores fãs do grupo:

A primeira vez que conheci o The Wanted foi quando eles vieram à estação Trent FM, em Nottingham, durante a turnê de divulgação em rádios. Por algum motivo, eu estava muito nervosa por conhecê-los. Comecei a conversar com algumas outras fãs enquanto esperávamos a chegada dos garotos, e elas me disseram que eles eram realmente simpáticos e conversavam com as pessoas – e isso me deixou mais segura! Quando o The Wanted finalmente chegou, nós os vimos entrar no elevador para serem entrevistados, e eles estavam lindos! Esperamos por quase duas horas até eles saírem, mas valeu a pena! Siva foi o primeiro a se aproximar de mim, e me deu um abraço. Então, pedi a ele que assinasse um pôster que minha amiga imprimiu para eles autografarem. Tirei uma foto com Jay e passei a maior parte do tempo ao seu lado. Ele também me abraçou, e seus abraços são maravilhosos!!! Eu disse a ele: "O seu cheiro é ótimo.". E ele respondeu: "Na verdade, eu pensei a mesma coisa de você!". Fiquei impressionada e minha amiga começou a rir com uma expressão de choque em seu rosto. Eu ainda não tinha um membro favorito até aquele dia, mas descobri que meu preferido é Jay. Ele foi tão simpático e amigável, me fez rir e eu o fiz rir. Adorei a experiência. Adoro pessoas que conseguem me fazer rir e que riem comigo.

Ainda assim, toda vez que os vejo me torno uma pateta na frente de Jay. Eu também os encontrei nas sessões de autógrafo de "All Time Low". Fui aos eventos em Nottingham e Derby.

Devo dizer que a experiência em Derby foi muito melhor do que a de Nottingham. Tive a oportunidade de abraçar Nathan e Jay. Fiquei totalmente abobalhada e cheguei a chorar na frente dos garotos! Ainda me sinto uma idiota por ter feito isso! Jay me disse para segurar sua mão (e é claro que fiz isso) e também disse que eu era a garota mais legal que ele já tinha conhecido! Isso é algo que não sai da minha cabeça!

Depois da sessão de autógrafos, eu e minhas amigas Shanice e Nicole esperamos para ver se encontraríamos os garotos outra vez, e ficamos esperando durante horas do lado de fora do shopping. De repente, ouvimos gritos e percebemos que a van do The Wanted estava vindo pela rua! Então apertamos o botão para ativar o semáforo de pedestres, e o veículo parou. Conseguimos conversar com os garotos, que jogavam coisas para nós de dentro da van. Eu não consegui pegar nada, mas Shanice pegou uma garrafa de água, o *backstage pass* de Tom de um show que eles tinham feito, e o chocolate de Nathan. Nicole conseguiu algo jogado por Max. Foi um dia incrível! Eu realmente espero poder me encontrar com eles outra vez um dia desses. Eles são simplesmente os cinco caras mais doces, divertidos e humildes que já conheci.

FÉRIAS

Os garotos trabalharam tanto promovendo "All Time Low" que chegaram à conclusão de que precisavam tirar férias juntos.

Então tiveram a ideia de ir a Benidorm, na Espanha, mas precisavam manter a informação escondida de seus empresários pelo máximo de tempo possível. O The Wanted acidentalmente mencionou seus planos durante uma entrevista concedida à 95.8 Capital FM. O apresentador da estação achou que os garotos não teriam permissão para ir, mas Max lhe disse: "Nós já acertamos as coisas!". No final das contas, os garotos puderam ir, mas lhes foi dito para não tomarem sol demais no rosto. Quando voltaram, tiveram de ir à GMTV, e estavam cansados. Tinham ficado acordados até as quatro da manhã. Depois do ensaio, Tom admitiu ter ficado interessado na apresentadora Kate Garraway. Os garotos provavelmente sairão juntos de férias outras vezes no futuro, mas da próxima vez terão de verificar como estará a agenda no dia após retornarem. E não vão cometer o mesmo erro duas vezes!

FOTOS

Os garotos adoram tirar fotos, independentemente de aonde vão. Tom sempre posta suas fotos no Twitter para que as fãs possam vê-las. Ele tira fotografias da banda descansando, em turnê e também captura imagens aleatórias. Também já tirou fotos de sapatos com as letras de seu nome no calcanhar, de uma fotografia antiga e de uma imagem constrangedora de Max, para poder compartilhar com as fãs.

Ao longo do último ano, os garotos posaram para milhares de fotos com as admiradoras. Não importa se estão passando por um dia ruim – se uma fã quer uma foto com eles, os garotos sorriem e lhe dão um abraço. O The Wanted sempre coloca as fãs em primeiro lugar. Às vezes, elas fazem belas colagens de imagens da banda com fãs e enviam ao endereço para correspondência. Jay, Nathan, Max, Siva e Tom colocam essas colagens na parede de casa ou em uma caixa, para que possam olhar sempre que tiverem vontade.

Nos anos que estão por vir, eles serão capazes de olhar para essas fotos e de se lembrarem dos bons e divertidos momentos que viveram. Os pais dos garotos também devem gostar de ver essas imagens, já que não vivem mais com eles e, por causa disso, perdem muito do que se passa.

FUTEBOL

Depois do canto, o futebol é a maior paixão da banda. Max, em particular, é louco pelo esporte. É um grande fã do Manchester City e, se pudesse ser qualquer jogador de futebol por um dia, escolheria ser Carlos Tevez. Max revelou ao Popjustice: "Sim, nós todos gostamos de futebol. Em especial três de nós... Os outros dois se interessam mais por música e outras coisas, mas eu convenci um deles a tornar-se torcedor do Manchester".

Max costumava sonhar em ser jogador de futebol e teria adorado jogar na equipe principal do Manchester City. Ele sempre foi bom no esporte e chegou até mesmo a jogar no England Schoolboys. Suas prioridades mudaram quando ele tinha dezesseis anos e participou do *The X Factor* com sua *boy band* Avenue. Quando eles chegaram à fase de treinamentos intensos no programa, Max percebeu que cantar era o que realmente queria fazer.

Sempre que tem um dia de folga e o Manchester City está jogando, Max deixa os outros garotos em Londres e vai até Manchester. E adora ir a Derby quando o Manchester City joga contra o Manchester United. Este é o time que ele ama odiar. Sempre que eles jogam uns contra os outros, a casa fica dividida, pois Nathan torce para o Manchester United e adora provocar Max quando o Manchester City perde uma partida. Quando Paul Scholes conseguiu fazer o gol de vitória para o Manchester United no terceiro minuto dos acréscimos durante o jogo de 17 de abril de 2010, Nathan ficou particularmente extasiado, já que Max tinha acordado às seis da manhã para poder estar lá.

Logo que o site do The Wanted entrou no ar, alguém cometeu o equívoco de colocar no perfil de Max que ele torcia para o Manchester United. O cantor não ficou nada feliz, tendo em vista que este seria o último time do mundo para o qual torceria – e a informação permaneceu no site por um mês antes que mudassem para Manchester City.

Max e Nathan adoram assistir aos jogos nas noites de sábado e domingo. E sempre estão dispostos a assistir a mais partidas de futebol.

Em maio de 2010, os garotos participaram do torneio Celebrity Soccer Six, no Charlton Athletic Football Club no sul de Londres. Muitas celebridades envolveram-se com o torneio em uma tentativa de levantar fundos para os samaritanos. Estavam lá McFly, atrizes da novela britânica *Hollyoaks*, participantes do *Big Brother*, Olly Murs, Stacey Solomon do *The X Factor* e muitas outras estrelas com suas chuteiras. Os garotos jogaram, mas não se saíram muito bem – foram tirados da competição por um time do jornal *The Sun* e também não se saíram bem em suas outras partidas. Naquela época, nosso time favorito não tinha tantas torcedoras nas arquibancadas porque "All Time Low" não havia sido lançada, então ainda não havia muitas pessoas cientes da existência do grupo. As coisas certamente mudaram no torneio Celebrity Soccer Six de 2011, já que eles foram um dos times mais populares da disputa. O apresentador de TV e ex-jogador do Arsenal e da seleção inglesa Ian Wright já tinha se oferecido para jogar na equipe do The Wanted, e Max ficou muito feliz com isso. Todos os garotos adoraram a ideia de jogar ao lado de uma lenda de tamanha importância mas isso poderia ser um pouco injusto com as outras equipes que não tinham um ex-jogador profissional ao seu lado.

Jay é o completo oposto de Max e Nathan. Ele não gosta nem um pouco de futebol, embora sua família adore o esporte. A mãe, a irmã e os três irmãos de Jay amam futebol, mas tudo o que ele queria fazer quando era mais jovem, enquanto todos eles iam aos treinos de futebol, era ficar em casa e comer salgadinhos. Se Jay tivesse que escolher um time para o qual torcer, esse time seria o Celtic. Talvez ele precise praticar um pouco antes do próximo Soccer Six, para não decepcionar os outros integrantes de seu time. Como há apenas seis membros em cada equipe, torna-se impossível jogar com Jay se ele não estiver jogando bem. Ele precisa garantir que seu antigo apelido de infância – "Banana Kick" – não volte a assombrá-lo. Talvez Jay jamais tenha conseguido dar um chute em linha reta, mas, com a ajuda de Max, ele deve se sair bem.

Siva é outro membro do The Wanted que não é muito chegado ao esporte, mas Max o convenceu a torcer para o Manchester City. Tom, por outro lado, adora futebol e torce para o Bolton.

THE WANTED - EDIÇÃO ESPECIAL PARA FÃS

ABCDEFGHIJKLMNOPQRSTUVWXYZ

HE WANTED

G É DE...

GAROTAS

Os integrantes da banda podem parecer confiantes no palco e nas entrevistas, mas quando estão perto das garotas de quem estão a fim, eles podem ficar com a língua presa. As meninas deixam Nathan, em especial, confuso – ele não entende por que elas gostam tanto de fazer compras. Ele adoraria sair com uma garota que gosta de se divertir e que seja bonita. E parece muito menos interessado em escolher garotas com seios avantajados – diferentemente de Tom e Max! Os demais garotos da banda pensam que Nathan é o membro com maior chance de sair com uma fã no futuro, mas é muito provável que Tom faça isso – afinal, ele é louco pelas meninas!

Nathan também é o membro mais tímido do grupo quando o assunto é conversar com as mulheres, mas tem uma boa quantidade de amigas. Seu último ano de colégio foi em uma escola voltada predominantemente para o público feminino, então havia apenas quinze meninos para 120 meninas. Max provavelmente é o mais confiante e já usou cantadas prontas para atrair a atenção de uma garota no passado, mas provavelmente não precisa mais fazer isso agora que é parte da melhor *boy band* do Reino Unido – garotas lindas aparecem na frente dele o tempo todo e o convidam para sair.

As garotas estão em todos os lugares por onde Nathan, Siva, Jay, Max e Tom passam. Sempre que possível, eles tentam retribuir ao carinho de cada uma com fotos super especiais!

Escolher a garota certa para convidar para sair pode ser um problema. Jay confessou ao *News of the World:* "Nós realmente nos preocupamos com o que vai acontecer com garotas. Você já não conhece os motivos delas. Conversamos uns com os outros sobre esse tipo de coisa. Você se sente idiota por pensar nisso, mas as coisas mudaram completamente nos últimos anos. No passado, você podia ser pego em uma foto indiscreta, mas agora as pessoas estão publicando textos. Será que nada é sagrado hoje em dia?!".

Os garotos não podem permitir que histórias ruins a seu respeito se tornem públicas. Se uma ex criasse histórias simplesmente para aparecer nos jornais, isso poderia causar sérios danos à imagem dos cantores e levá-los a perder fãs. E eles jamais fariam algo para chatear suas fãs, tendo em vista que elas significam muito para eles.

Outro problema que os membros da banda enfrentam quando estão conversando com garotas é o fato de eles nunca estarem em um mesmo lugar por muito tempo. Eles podem ver uma bela garota que querem paquerar em um show, mas depois de conversar por uma hora, precisam dizer adeus e voltar para a van. E não podem sair normalmente em encontros românticos porque estão muito ocupados nos últimos tempos.

Os garotos estão sempre distraídos com conversas sobre assuntos bizarros enquanto matam o tempo entre uma entrevista e outra. Certo dia, começaram a discutir que nomes teriam se fossem meninas. Jay acha que seu nome teria sido Jane. Nathan optou por Natalie e Max por Maxine. Tom não sabia, mas escolheu Tamara, e Siva pensou que Sylvia seria um bom nome. Desde então, eles fizeram essa brincadeira algumas vezes e sempre mudam seus nomes femininos.

Os garotos não se importam com o fato de Siva ter uma namorada, porque eles realmente gostam de Nareesha. Aliás, isso também significa que as garotas nas discotecas não se interessam por Siva, pois sabem que ele já tem dona. Siva diz que encontrou a mulher perfeita em Nareesha. Eles começaram a sair antes de ele entrar na banda. Nareesha é designer de sapatos. Embora o casal tenha se conhecido em Belfast, ela na verdade é de Nottingham. A sessão de autógrafos do grupo nessa cidade deve ter sido bem legal, já que Siva pôde ver onde Nareesha e Jay cresceram. Todavia, os garotos não puderam ver muito, já que o evento aconteceu na semana em que "All Time Low" foi lançado – e, portanto, eles tinham uma agenda cheia. Teremos que esperar para ver se Siva e Nareesha conseguirão enfrentar a distância agora que os garotos alcançaram de vez o sucesso. Seria legal ver todos os membros do The Wanted em um casamento um dia!

Quando Olly Meakings, da *Teen Today*, entrevistou os garotos, ele lhes perguntou se eles se casariam com uma fã. Jay respondeu: "No futuro, eu poderia me casar com alguém que é ou em algum momento foi fã do The Wanted". Jay também pediu para as fãs mais jovens não deixarem detalhes pessoais em fóruns ou sites na esperança de que um membro da banda entre em contato, porque ele sabe que isso não é seguro. Se você é uma fã e quer entrar em contato com a banda, pode fazer isso com segurança escrevendo para o endereço do grupo.

Siva também brincou dizendo que toma nota de todos os números de telefone que a banda recebe, e que os cola em sua parede para que Tom possa escolher. Isso foi dito só por pura diversão, e não para ser levado a sério.

Cada membro da banda é diferente, então eles também têm gostos diferentes quando o assunto é garotas. Jay prefere aquelas em boa forma, divertidas e amigáveis. Ele gostaria de sair com uma garota bonita e com personalidade e prefere longos relacionamentos com alguém com quem se dá bem, uma vez que "a aparência desaparece". Se for um flerte rápido, a aparência é mais importante.

Siva consegue descrever sua mulher ideal (Nareesha) em poucas palavras: incrível e boa cozinheira. Ele adora comida, então fica feliz por ela ser capaz de preparar ótimas refeições. Siva sabe fazer brownies de chocolate deliciosos, então não tem medo de preparar a sobremesa. Tom e Max não são tão interessados assim em garotas que sabem cozinhar. Eles preferem aquelas com seios avantajados e belas pernas. Max acha tatuagens muito atraentes, então as garotas que as têm atraem seus olhares. Porém, depende da tatuagem: uma imagem de ursinho de pelúcia provavelmente não seria muito atraente para Max.

Se você quer sair com os garotos, talvez deva saber que tipo de encontro eles preferem. Tom é um cara mais simples, e não gostaria de ir a um restaurante refinado. Em vez disso, preferiria comer um hambúrguer com fritas no McDonald's. O encontro perfeito de Max seria ver uma partida do Manchester City – mas, para o encontro ser realmente perfeito, o time precisaria vencer. Depois, ele gostaria de sair para comer peixe... Nada romântico, mas pelo menos você veria Max como ele é de verdade. Jay gosta de seus lagartos, então, mesmo que não se interessasse por uma garota, ele ainda sairia com ela se o programa fosse ver répteis em um zoológico. Nathan e Siva preferem pegar um cinema. Para eles, não há nada melhor do que relaxar com pipoca e um bom filme.

GEFFEN RECORDS

Os garotos do The Wanted são contratados de uma gravadora chamada Geffen Records. Trata-se de um selo do grupo Universal Music. Muitos músicos ou bandas famosos são ou já foram parte do catálogo da Geffen Records, incluindo Aerosmith, Mary J. Blige, Guns N' Roses e The Saturdays.

Jay participou de audições por seis meses antes de entrar para o The Wanted, então deve ter ficado feliz ao saber que a gravadora por trás da banda era tão grande. A Geffen Records realmente acreditou nos garotos desde o primeiro momento e investiu milhares e milhares de libras na criação e produção do álbum do The Wanted. Nenhum gasto foi poupado, e eles escolheram os melhores compositores para trabalharem com Nathan, Jay, Tom, Max e Siva. Foi um pouco arriscado investir tanto dinheiro, mas isso era necessário se eles quisessem que a banda se tornasse um sucesso.

Jay conversou com o Nokia Music sobre a gravadora pouco antes do lançamento de "All Time Low". Ele contou: "Quando começamos, eu realmente não acreditava [que o single chegaria às paradas], não mesmo. Eu só queria não me constranger e contribuir o máximo possível. Mas com relação à gravadora? Eles lhe passam estatísticas sobre quem está nas paradas de sucesso ao seu lado a cada semana, quantas vezes seu vídeo foi visto e anunciam expectativas que o deixam no limite. As coisas sobem direto para a cabeça e é impossível não pensar nisso. Eu realmente quero chegar ao Top 10, devo dizer. Se não conseguirmos, eu vou me sentir mal. Mas isso é parte do jogo, não é mesmo? É fácil sentir-se orgulhoso das pessoas gritando por você ou de se estar diante de uma multidão. Mas ser capaz de chegar para o seu pai e dizer 'fui eu quem escreveu essa parte'... Isso é maravilhoso!".

Todos os garotos sentiram-se sob pressão antes do lançamento de "All Time Low", já que seus futuros dependiam de quão bem a música se saísse. Max conhece muito bem a sensação de um single falhar e a gravadora chamar a banda somente para dizer-lhes que tudo está encerrado. Ele teve de enfrentar essa decepção quando isso aconteceu com seu grupo Avenue. Max estava, então, ainda mais decidido a não permitir que algo assim ocorresse com o The Wanted. Os garotos se dedicaram muito à promoção do single e continuarão fazendo isso para alavancar todas as suas próximas canções de trabalho. Eles sabem que nunca serão capazes de descansar e agir de forma complacente, já que há dezenas de outros grupos querendo ser a *boy band* número 1 da Grã-Bretanha.

Max revelou ao site Celebritain.com como é fazer parte da indústria da música: "É estar a 200 km/h. A indústria nunca para e nunca dorme e também não come muito. Nós dormimos no carro, reclinamos os assentos e relaxamos para aproveitar uma hora aqui e outra ali. Se conseguimos passar quatro horas em casa, isso é uma boa noite de sono para nós. Vivemos na adrenalina".

GIRLS CAN'T CATCH

Girls Can't Catch era uma banda de garotas de quem Siva, Nathan, Max, Tom e Jay eram próximos. O grupo era formado por Phoebe Brown, Jess Stickley e Daizy Agnew. Como os garotos, elas foram reunidas por uma gravadora e Phoebe também tinha aparecido no *The X Factor*. Enquanto o The Wanted fazia os shows de abertura para The Saturdays em sua turnê, o Girls Can't Catch fazia o show de abertura para o Girls Aloud.

Edição especial para fãs | 83

Os cinco garotos e as três garotas foram a Loch Ness e começaram a explorar o local. Eles se divertiram muito caminhando, brincando com um cachorro e vendo uma pata com seus patinhos. Os garotos devem ter ficado chateados pelas garotas quando foi anunciado, em julho de 2010, que elas tinham sido deixadas de lado pela gravadora e que o Girls Can't Catch tinha chegado ao fim. E então os meninos do The Wanted devem ter se dado conta de como é fácil para uma gravadora deixar um grupo de lado se ele não chegar ao topo das paradas. As garotas somente conseguiram chegar à 26ª posição com seu primeiro single, "Keep Your Head Up", e ao número 19 com seu segundo (e último) single "Echo". Os garotos já estavam se saindo muito melhores do que elas nas paradas, mas eles terão de continuar produzindo hits se quiserem que a gravadora continue feliz com seu trabalho.

GUY CHAMBERS

Guy Chambers é um mito das composições e a maioria dos artistas daria o braço direito para ter uma chance de trabalhar com ele. O compositor é famoso por ter escrito canções com Robbie Williams (entre as quais os clássicos "Angels", "Millennium" e "No Regrets"). Chambers também já criou faixas para muitos outros nomes, incluindo Kylie, Beverley Knight, Mel C e Katie Melua.

Quando Jay, Nathan, Siva, Tom e Max descobriram que iriam trabalhar com Guy em seu disco, devem ter se sentido no mundo da lua. Guy Chambers não costuma trabalhar com *boy bands,* menos ainda com aquelas que sequer lançaram algum material. Ele só trabalha com os melhores dos melhores, portanto, para os garotos a oportunidade foi incrível – e eles sempre serão gratos à gravadora por esse encontro.

Guy Chambers foi o primeiro compositor com o qual o The Wanted trabalhou para o disco, então eles não sabiam exatamente o que esperar. Naquele dia, os garotos estavam extremamente felizes, mas também incrivelmente nervosos. Não é de se impressionar que nenhum deles tenha conseguido dormir na noite anterior. Todavia,

84 | The Wanted

logo que conheceram Guy eles ficaram à vontade, e ele os colocou para cantar. Foi um verdadeiro privilégio cantar para Chambers, e os meninos do The Wanted logo perceberam que o compositor era um cara comum. Não se comportava como estrelinha, adorava brincar com os membros do grupo e os convidou para suas festas. Tom adora festas, então ele sabe a diferença entre uma festa boa e uma festa ótima. E confessou que as festas de Guy eram as melhores. Todos eles têm esperanças de voltar a trabalhar com Chambers em seu próximo disco, já que adoraram trabalhar com ele no primeiro álbum.

Siva decidiu cantar para Guy uma música que tinha escrito com seu irmão. Ele estava muito nervoso, mas conseguiu tocar guitarra e cantar sem gaguejar ou errar os versos. Chambers ouviu a canção e ficou mais do que impressionado. E disse a Siva que a música seria gravada!

Guy usou a música de Siva e criou a harmonia para que os outros rapazes também pudessem cantá-la. Siva continuou com a parte principal dos vocais, mas Tom, Jay, Nathan e Max gravaram os "oohs" e "aahs". Siva jamais achou que algo desse tipo seria possível.

THE WANTED — EDIÇÃO ESPECIAL PARA FÃS

ABCDEFGHIJKLMNOPQRSTUVWXYZ

H É DE...

HEART VACANCY

Desde o início ficou decidido que "Heart Vacancy" seria o segundo single do The Wanted, mas eles só ficaram sabendo que a canção realmente seria lançada pouco antes do lançamento de "All Time Low". Os garotos foram até a Croácia para filmar o vídeo e precisaram de alguns dias para criar as imagens que eles queriam. Siva adorou "Heart Vacancy" tanto quanto tinha adorado "All Time Low", muito embora as canções sejam diferentes.

Assim que foi anunciado que "All Time Low" tinha chegado ao número 1, Max, Siva, Jay, Nathan e Tom passaram a sofrer uma pressão imensa para que fizessem "Heart Vacancy" também alcançar o topo das paradas quando a canção fosse lançada, em 18 de outubro. Eles não queriam que o single simplesmente chegasse ao Top 40, como era esperado quando "All Time Low" foi lançada. Os garotos queriam mais um número 1!

Em agosto de 2010, duas competições para promover "Heart Vacancy" foram lançadas no site oficial da banda. A primeira delas convidava as fãs a escolherem uma canção para os garotos fazerem um *cover* e a música vencedora seria dedicada à pessoa que a sugeriu e se tornaria um *b-side* no single de "Heart Vacancy". A segunda competição era perguntar às fãs se elas queriam aparecer no encarte de "Heart Vacancy". Mil fãs sortudas seriam escolhidas e seus nomes seriam impressos no encarte que vinha com o single. As competições foram incríveis e muitas fãs se inscreveram minutos depois que a mensagem oficial foi postada.

Max contou ao site Celebritain.com antes de o vídeo oficial ser lançado: "A música se chama 'Heart Vacancy' e é mais lenta, com uma pegada forte... É uma balada. Uma canção para garotas, mas espero que os garotos também gostem da batida".

Essa faixa foi escrita por Wayne Hector, coautor de "All Time Low". É uma balada incrível com uma letra linda e realmente forte. Definitivamente trata-se de uma das melhores baladas da última década.

HOLLYOAKS

Estar na banda deu aos garotos a oportunidade de fazer coisas que eles jamais pensaram ser possível. Eles foram convidados para se apresentarem no *The Hollyoaks Music Show*, o que foi muito divertido. Cantaram em frente ao Il Gnosh (o restaurante italiano da novela), onde havia muitas fãs e também estrelas. Os atores que faziam Tom, Cheryl, Jem, Myra e Seth adoraram os garotos e dançaram com a música. Ellis Hollins, que interpreta Tom, chegou a fazer alguns passos de *break* enquanto os garotos cantavam. O programa foi ao ar pela primeira vez no sábado, 12 de junho, no *T4*, mas contou também com três reprises. Para os garotos, foi incrível estar no set de filmagens e conhecer as pessoas que eles veem na TV. Todos estavam superanimados com a oportunidade de conhecer os intérpretes de seus personagens favoritos. Jay realmente adora Mercedes (interpretada por Jennifer Metcalfe) e também gostava da irmãzinha de Warren, Katy (interpretada por Hannah Tointon). Hannah já participou de *Doctors*, *New Tricks* e de um filme chamado *The Children* desde que deixou *Hollyoaks* – e também está nos anúncios de Cornetto e Clearasil.

Os garotos são grandes fãs do programa e gostam de assisti-lo sempre que possível. É mais complicado quando eles estão na estrada, pois muitas vezes não chegam em casa a tempo.

A B C D E F G H I J K L M N O P Q R S T U V W X Y Z

I É DE...

INSPIRAÇÃO

Todos nós temos pessoas que nos inspiram, e com Siva, Nathan, Jay, Max e Tom a situação não é diferente. Eles foram inspirados por muitos músicos no passado e no presente. Como os garotos têm influências musicais diferentes, isso alimenta as canções que eles escrevem e torna as faixas do The Wanted tão únicas.

Tom jamais estaria no grupo se não tivesse começado a tocar violão aos dezesseis anos. Ele não se interessava por música antes disso. Porém, quando começou a aprender acordes e tocar canções, percebeu que música era o que queria fazer. Ele teve a inspiração para entrar em uma banda a partir das canções que tocava do Oasis.

Max não é um típico cara de Manchester quando o assunto é sua inspiração musical. Ele adora Queen e Elvis. O Queen é uma banda formada em 1971, e dois de seus integrantes ainda estão na ativa. O membro mais famoso do grupo, Freddie Mercury, faleceu em 1991. Outros artistas e programas de TV (de *Os Simpsons* a *Glee*) costumam apresentar *cover*s das canções do grupo. A banda tem dezoito álbuns que chegaram ao número 1 das paradas, além de dezoito singles e dez DVDs que também alcançaram o primeiro lugar. Max adora as canções deles.

Elvis também é outra escolha inusitada, considerando que Max tem pouco mais de vinte anos. Ele adora rock'n'roll e admite em entrevistas que adora Elvis, e que é bom que o cantor não esteja mais vivo – caso contrário, as pessoas pensariam que sua obsessão por Elvis seria ainda mais esquisita do que já acham. Max nunca diz se sua canção favorita é "Hound Dog", "Suspicious Minds", "Heartbreak Hotel" ou alguma outra. Estima-se que Elvis tenha gravado mais de seiscentas canções antes de sua morte prematura aos 42 anos – ou seja, há muitas faixas para Max e os demais fãs apreciarem.

A inspiração de Nathan vem de ouvir canções do Boyz II Men enquanto crescia. Boyz II Men continuam sendo o grupo de R&B que mais vendeu discos em todos os tempos, além de ter conquistado quatro Grammy Awards durante a carreira. É um grupo americano que surgiu no início da década de 1990 e que continua na ativa. Nathan gosta das canções modernas de R&B que o grupo produz e também adora John Legend. Para Nathan, "Ordinary People", de John Legend, e a versão a capela de "End of the Road", do Boyz II Men, são as melhores canções do mundo – e ele encoraja as fãs a ouvi-las.

A maior inspiração de Siva é o lendário Michael Jackson, mas ele também gosta da banda americana de rock alternativo Switchfoot. Os maiores hits do grupo são "Meant to Live" e "Dare You to Move". A música da banda faz parte da trilha sonora de *A Walk to Remember* (*Um amor para recordar*), filme estrelado por Mandy Moore. Eles criam ótimos *riffs* de guitarra e são ótimos músicos.

Jay foi inspirado por tantas pessoas que é incapaz de dizer quem o influenciou mais, e aprecia vários estilos de música. Para ele, alguns dos maiores músicos e grupos musicais são: Cat Stevens, Coldplay, Damien Rice, Newton Faulkner, Florence (de Florence And The Machine) e Jack Peñate.

INTERNET

Diferentemente de alguns músicos cujo número de fãs cresce do dia para a noite (como Susan Boyle e estrelas do *The X Factor*), o The Wanted teve de observar seus fãs crescendo em uma velocidade muito menor. Eles começaram conquistando alguns fãs em suas apresentações em escolas, e depois passaram a realizar eventos maiores, atraindo as pessoas pouco a pouco. Depois, fizeram mais algumas apresentações em instituições de ensino e conquistaram mais admiradoras. Tom ficou em choque quando o grupo alcançou 10 mil fãs no Facebook. E chegou a pensar que alguém estava se divertindo com a cara deles. Os garotos acreditam que as horas passadas no Twitter e no Facebook realmente ajudam as pessoas a se envolverem com o grupo. Jay acredita que o produtor da banda diria que Tom é o membro que lida melhor com o Twitter, já que o cantor é viciado no microblog.

Se parassem de usar essa ferramenta, os garotos acreditam que perderiam a ligação com as fãs. Por isso, eles nunca param – e adoram tuitar e receber respostas de suas admiradoras. Alguns músicos e algumas celebridades preferem não passar horas no Twitter, mas para o The Wanted isso não é uma opção – os garotos adoram muito as fãs e querem fazê-las felizes. Para eles, é muito fácil tuitar quando estão viajando, já que podem enviar mensagens de seus celulares em questão de segundos.

Além das fãs "normais", os garotos são seguidos no Twitter por alguns famosos, como Joe McElderry, vencedor do *The X Factor*, Chipmunk, The Saturdays e Tinie Tempah, que os seguem há meses porque se interessam em saber o que eles estão fazendo. Ao longo do próximo ano, muitas outras celebridades não apenas passarão a seguir Siva, Nathan, Max, Tom e Jay, mas também se tornarão amigos pessoais dos membros da banda.

O rapper Tinie Tempah conversou com a MTV sobre como o Twitter foi importante para que ele conhecesse a banda e sua música. O rapper também foi questionado sobre se o The Wanted poderia vir a ser rival do JLS. Ele respondeu: "Sim. Todos os dias, no Twitter, muitas pessoas me perguntavam se eu já tinha ouvido sobre o The Wanted e me diziam que eu deveria conhecer a música deles e que deveríamos gravar uma faixa juntos. E eu pensava: 'quem são esses caras? Devem ser só mais uma *boy band*', mas acabei tuitando 'quem é esse tal de The Wanted?'... E eu sou muito sincero no Twitter, então, se algo parece estar explodindo, eu tenho interesse. Tive a oportunidade de conhecê-los no Summertime Ball, em Wembley, e são rapazes humildes, educados e respeitosos, e parecem ter muitos fãs, então eu lhes desejo todo o sucesso. Quanto ao JLS, eu não entendo por que as duas bandas não poderiam existir ao mesmo tempo. As músicas não são iguais e, da mesma forma que existem Tinchy Stryder e Chipmunk, não vejo por que não possa existir JLS e The Wanted. Vamos celebrar e apoiá-los. Todos são britânicos e estamos chegando a um ponto em que dominamos as paradas e estamos fazendo shows lotados. Há espaço suficiente para todo mundo".

A B C D E F G H I J K L M N O P Q R S T U V W X Y Z

HE WANTED

J É DE...

JAY

O nome completo de Jay é James McGuiness, e ele tem 1,85 metro (ao lado de Siva na posição de mais alto da banda). Suas fãs adoram seus lindos cabelos ondulados, seus adoráveis olhos azuis e seu incrível sorriso. Ele tem um irmão gêmeo chamado Tom e, embora não sejam idênticos, são bastante parecidos. Tom tem cabelos lisos e é ligeiramente mais baixo. Os dois têm gosto parecido para roupas, mas interesses distintos. Tom gosta de futebol, embora seu irmão não se interesse por assistir ou praticar esse esporte. Eles têm dois outros irmãos e uma irmã.

Quando o *Metro* perguntou a Jay se ele já teve alguma experiência psíquica com seu irmão gêmeo, ele respondeu: "Não. Mas nós dois passamos mal em nosso primeiro dia de aula no ônibus para o colégio. Não somos gêmeos idênticos. Essa coisa de 'gêmeos psíquicos' só acontece porque você vive junto enquanto cresce, mas é uma grande bobagem".

Jay passou seus primeiros anos de vida na cidade mercantil de Newark-on-Trent, mas logo mudou-se para Carlton, no subúrbio de Nottingham. Ele adorou crescer na cidade, e isso deve ter-lhe ajudado a encarar a vida em Londres quando entrou para a banda.

Jay frequentou o colégio católico All Saints, em Mansfield, e gostou do tempo que passou lá. No entanto, quando concluiu o Ensino Médio, decidiu que era hora de dar o próximo passo. Não quis passar mais tempo na escola para melhorar suas notas porque não pretendia entrar para a universidade – em vez disso, preferiu fazer parte do mundo dos espetáculos. Matriculou-se na MADD (Midlands Academy of Dance & Drama), em Carlton, para que não precisasse viajar todos os dias.

A MADD foi o melhor lugar para Jay, já que foi lá que desenvolveu suas magníficas habilidades para cantar, dançar e atuar. Os professores queriam que todos tivessem uma carreira longa e proveitosa no teatro, na TV ou na música. E não poderiam ter ficado mais felizes por Jay. Muitos ex-alunos da MADD tornaram-se dançarinos de bandas como Girls Aloud, Take That, Westlife e Blue, mas Jay foi o primeiro a alcançar o estrelato como membro de uma *boy band*. Seria legal se alguns dos amigos que Jay conquistou na MADD pudessem ser dançarinos em uma turnê do The Wanted.

Algumas pessoas afirmam que Jay é o Billy Elliot do The Wanted, mas ele se sente bastante constrangido com esse comentário. E usa a desculpa de que é o melhor porque os outros não são muito bons, mas a verdade é que Jay é um dançarino incrível. Dançar é uma de suas paixões há muito tempo. Max pode ser apaixonado por futebol, mas para Jay nada pode competir com a dança.

Ele começou a dançar aos treze anos, o que pode parecer uma idade estranha para começar, já que nessa idade a maioria dos garotos passa a se interessar por garotas e tornam-se bastante tímidos – eles querem parecer legais. Não se sabe se Jay manteve em segredo com sua mãe o fato de estar fazendo aulas de dança, mas ele logo tornou-se obcecado por essa forma de arte.

Jay contou ao *Metro*: "Toda a minha família é louca por futebol, mas eu nunca fui. Era um garotinho gordo que assistia à TV. Minha mãe se feriu jogando futebol e começou a frequentar aulas de sapateado para se manter em forma. Eu fui com ela, comecei a dançar, gostei da experiência e passei a querer fazer isso como profissão depois de terminar o colégio".

94 | The Wanted

Cory Schwartz/Getty Images

Não há garota que resista ao talento, aos cachinhos e aos olhos azuis de Jay... Além de ser um excelente cantor, ele ainda dança como ninguém.

Depois de terminar o curso na MADD, Jay ficou ainda mais ansioso para dançar, então começou a participar de todas as seleções possíveis. Para ele, deve ter sido horrível ir às seleções e ouvir que não era o que estava sendo procurado. Todavia, o astro não desistiu, e continuou buscando novas e novas oportunidades ao longo de seis meses inteiros antes de sua primeira audição para o The Wanted. Olhando para trás, ele agora fica feliz por ter recebido vários "nãos", mas, na época, isso deve ter abalado sua confiança. É difícil imaginar a banda sem Jay na linha de frente. Ele causa grande impacto nas entrevistas e durante as apresentações. É o garoto sexy de Nottingham que todos nós amamos!

No início, Jay pensou que queria ser dançarino, então buscou principalmente seleções de dança. Ele tinha os passos que as pessoas buscavam, mas elas não achavam que ele tinha a aparência ideal. Queriam dançarinos mais fortes e com aparência de durão, e não um garoto comum. Jay percebeu isso e tentou pensar em outras coisas que gostaria de fazer. Participou da seleção para um circo (mas não ficou com a vaga) e então fez um teste para uma nova *boy band* (o The Wanted).

Ele falou ao Industry Music sobre como não é um dançarino comum: "Eu acho que não sou como os outros dançarinos... Eles todos gostavam de R&B e eu gosto de indie e Jack Peñate, Cat Stevens, música desse tipo. Foi por isso que fiquei feliz de ter encontrado os outros caras. É como se agora eu finalmente fizesse sentido".

Jay tem quatro lagartos de estimação e toca um pouco de piano, mas não é tão bom pianista como Nathan.

Todos os garotos do The Wanted são bastante brincalhões, mas, como trabalham demais, nem sempre têm tempo de colocar suas brincadeiras em prática. Tom revelou em um dos vídeos do Wanted Wednesday que ele e Jay estavam planejando colocar bacon no sapato de Siva e deixar ali por alguns meses, até cheirar realmente mal, mas acabaram não conseguindo fazer isso. Tom tem medo de peixe – algo de que ele não gosta de falar a respeito. Então Max gostou da ideia de colocar um arenque debaixo da cama de seu colega, mas isso também é algo que não foi feito.

96 | The Wanted

Os outros membros da banda acham Jay o cara mais calmo do mundo. Ele nunca se estressa e leva as coisas de acordo com seu ritmo. Quando o grupo tem reuniões com seus estilistas, ele não sente necessidade de criar uma discussão caso eles escolham algo que ele não queria usar. Se não tivesse um estilista, Jay provavelmente seria o mais malvestido do grupo – mas ele será o primeiro a admitir que não tem muita noção de estilo. Max chegou ao ponto de declarar, em um dos vídeos do Wanted Wednesday: "Você poderia estar correndo nu, em cima de cacos de vidro em uma maratona, mas se dissesse 'Jay, eu realmente quero que você faça isso comigo', ele provavelmente responderia 'está bem'".

Estar na banda é um sonho que se tornou realidade para Jay, e ele ainda não consegue acreditar que pessoas e músicos famosos façam comentários sobre suas canções. Certo dia, escreveu no Twitter: "Craig David passou por nosso camarim e nos elogiou! Legal!!!".

Ele adora mimar sua mãe, Maureen, e o resto da família, mas está se controlando para não gastar todo o dinheiro que ganha. Em 7 de agosto de 2010, tuitou: "@Carly_Lew tenha um aniversário incrível! Hoje também é aniversário do meu irmãozinho! O presente de aniversário dele é um pooouco melhor do que o do ano passado ;)".

É importante que os garotos aprendam a economizar para que possam comprar suas próprias casas ou apartamentos. Eles não querem desperdiçar tudo e não ter nada no futuro.

TRÊS FATOS FASCINANTES SOBRE JAY

- Ele aceitou o desafio de Bop It[4] durante uma entrevista e conseguiu completá-lo em três minutos e dezoito segundos. Ninguém esperava que o cantor fosse capaz de suportar tanto tempo. Max chegou a colocar a cabeça na mesa e descansar os olhos. Jay seguia firme e forte quando o brinquedo disse: "Nota: 250". Foi a primeira vez que as pessoas na sala viram alguém terminar o jogo.
- Jay tem fobia a isopor e, certa noite, Siva pensou que seria engraçado colocar um pouco do material sob o travesseiro do colega de banda. Jay acordou e ficou chocado ao encontrar a surpresa do colega. Ele declarou certa vez: "O ato de puxar isopor para fora de uma caixa é totalmente repulsivo. Me faz estremecer".
- Ele adora comer salgadinhos e, quando abre um pacote, não consegue mais parar. Jay fica chateado por ter de comer porcarias quando eles estão na van viajando, mas não pode fazer nada a respeito disso.

---

[4] Bop It é uma linha de brinquedos que consiste em obedecer a diversos comandos emitidos pelo próprio brinquedo. O nível de dificuldade aumenta progressivamente, sendo muito difícil completar os desafios em pouco tempo. (N.T.)

JAY MCGUINESS

JAYNE COLLINS

Jayne é a empresária do The Wanted e a mulher que atua como uma mãe substituta para Siva, Nathan, Max, Tom e Jay. É ela que os garotos procuram quando precisam de conselhos, e Jayne garante que eles sempre estejam onde precisam estar e na hora certa. Sem ela, a banda jamais teria se reunido, tendo em vista que a empresária selecionou cada um dos membros. Jayne é auxiliada por Lori e Dan.

Collins pode ter trabalhado com muitas bandas e artistas famosos ao longo dos anos, mas ela acha que o The Wanted trabalhou mais do que qualquer um deles. Jayne está sempre muito impressionada com a atitude dos garotos e com como eles sempre colocam 110% em tudo o que fazem. Com frequência, seus dois filhos a acompanham quando ela está ajudando a banda a mudar de casa ou quando eles vão a algum evento especial. Jayne é, ao mesmo tempo, uma empresária e uma mãe fantástica. Os garotos devem gostar de brincar com os filhos dela e fazê-los rir.

Jayne é diretora de elenco e está sempre à procura de novos talentos. Se você tem interesse em cantar ou atuar, deveria fazer uma busca por "Jayne Collins Casting" no Facebook e entrar para esse grupo criado pela empresária. Lá você poderá saber quando ela está em busca de pessoas para bandas ou outros projetos.

Jayne também dá conselhos a jovens que buscam uma carreira no mundo da música ou da TV. Ela contou ao 1click2fame.com: "A apresentação é de extrema importância. Chegar na hora certa, conhecer o roteiro ou a dança que você vai apresentar... Ter um currículo com fotografia, com seu nome escrito na parte de trás da imagem. Tudo isso parece coisas pequenas, mas são extremamente importantes. Se você quer ser o melhor, então quer ser o mais bem-sucedido, e isso demanda trabalho duro. Investir no trabalho antes de se tornar famoso é provavelmente o melhor conselho".

Jayne sabe do que está falando, já que ela mesma foi cantora e atriz. A empresária apareceu no centésimo episódio de *SOS Malibu* como uma aspirante a cantora pop, ao lado de Richard Branson. No episódio, ela salva a vida de Branson enquanto ele tentava quebrar um recorde mundial, então ele a deixa gravar sua própria faixa: "No Turning Back". A canção era ótima e Jayne soa um pouco parecido com Kylie, mas a faixa só chegou a alcançar a 102ª posição nas paradas britânicas. Ela lançou outras canções e conquistou muitos fãs, mas não tantos quanto o The Wanted. Agora ela está feliz atuando como empresária e diretora de elenco. Jayne se sente um pouco constrangida quando Jay ou Tom mencionam seu passado ligado a *SOS Malibu*. Eles adoram dizer às fãs para ver os vídeos no YouTube, e muitas delas fazem isso e deixam mensagens graciosas a Jayne.

Jayne adora se divertir com o The Wanted e sempre busca filmá--los nos bastidores para que as fãs não percam nada. Os vídeos são usados para o Wanted Wednesday, e ela os posta no canal do The Wanted no YouTube. Jayne não posta tudo o que filma, mas apenas os melhores momentos. Todavia, seria interessante se um dia todas as suas gravações se tornassem um DVD oficial do The Wanted nos bastidores. Ela grava tudo o que eles fazem – Jay até mesmo brinca que ela o filmou indo ao banheiro algumas vezes... mas isso não é verdade. Se você quiser seguir Jayne no Twitter, aqui está o endereço dela: http://twitter.com/jaynecollinsmac. Ela sempre envia mensagens aos garotos e eles sempre respondem com carinho, dizendo a ela que esperam vê-la quando acordarem.

Jayne tentou filmar cenas de bastidores quando o vídeo de "All Time Low" estava sendo produzido, mas ela deixou Jay dar uma olhada e ele acidentalmente apagou o que havia sido gravado. A empresária precisou começar tudo outra vez e não ficou feliz. Em outra ocasião, o lagarto de Jay correu sobre o telefone e acidentalmente apagou todos os vídeos. O fato de Jayne ser uma mulher bastante paciente é realmente algo positivo!

JLS

A mídia pode ver o JLS como os maiores rivais dos garotos, mas as duas bandas não têm problemas entre si. Na verdade, elas falam muito bem das músicas uma da outra. Max, Siva, Tom, Jay e Nathan acham que o JLS é ótimo e adoram ser comparados a eles. The Wanted e JLS realmente precisam se unir para acompanharem as *girl bands* que vêm dominando as paradas ao longo dos anos. É hora de as *boy bands* mostrarem o quanto são talentosas!

Max explicou ao Popjustice como a banda se sente: "Eu não nos vejo como rivais do JLS. Quero dizer, o JLS é ótimo. Sejamos justos. Nós só queremos fazer o que fazemos. Só queremos ser nós mesmos, entende? Só queremos seguir em frente com isso e ver como vamos nos sair".

Jay acha que comparar The Wanted ao JLS é "como comparar *Avatar* a *O Senhor dos Anéis* – impossível", contou à *Teen Today*. "Eles são bons no que fazem, mas trata-se de outro gênero. Pode ser similar, no sentido de ser uma *boy band,* mas acho que somos muito diferentes e complementamos um ao outro. Eu sou um enorme fã de ambas as bandas!". Todos sabemos que Jay é um enorme admirador de *Avatar,* então podemos entender por que ele se mostrou tão apaixonado ao explicar a situação das bandas usando seus filmes favoritos como exemplo. Os demais membros do grupo pareceram bastante confusos nessa entrevista.

As pessoas podem pensar que o JLS não gostaria do fato de haver outra *boy band* em cena, em especial uma *boy band* cujo primeiro single chegou rápido à primeira posição das paradas, mas isso não poderia estar mais longe da verdade. Aston, Marvin, JB e Oritsé vêm oferecendo conselhos aos garotos e não têm problema algum com eles. Os meninos do The Wanted acham o JLS ótimo e admiram suas habilidades de dança. Max e Tom acreditam que eles deveriam tomar algumas aulas de dança – e Max até mesmo chegou a tentar fazer alguns passos como os dos garotos do JLS, mas não conseguiu. Por sorte ele estava sozinho na ocasião!

Muitas das fãs do The Wanted adoram ambas as bandas com a mesma intensidade, então seria legal que eles fizessem uma turnê juntos algum dia. Eles também poderiam lançar uma canção juntos para arrecadar dinheiro para caridade, como o Girls Aloud fez com o Sugababes. Milhares de fãs correriam para comprar a faixa, e as bandas poderiam reunir muitas libras para ajudar uma causa justa.

ABCDEFGHIJKLMNOPQRSTUVWXYZ

K É DE...

KISSES

Alguns membros da banda podem sonhar em beijar alguma celebridade específica, mas Nathan já fez isso. Ele foi beijado por uma das mulheres mais famosas do mundo quando ainda estava no primário. Nathan contou à revista *Bliss*: "Eu beijei Britney Spears aos dez anos, durante uma apresentação na TV para um programa que ia ao ar aos sábados pela manhã. Todos os meus amigos na escola ficaram com inveja!". O beijo transformou Nathan em uma lenda em seu colégio, e todos passaram a querer ser amigo do garoto que beijou Britney.

Jay deu um longo beijo na boca de uma fã porque, atrás do desenho que a garota fez, ela dizia querer um beijo. A cena foi filmada, então, se você quiser assistir, vá até o canal do The Wanted no YouTube. Depois que isso aconteceu, muitas fãs devem ter passado a escrever mensagens parecidas em seus desenhos, para tentar fazer Jay realizar seus desejos.

Algumas delas não querem apenas beijar os garotos, mas sim casar-se com eles. Certo dia, eles estavam saindo de sua primeira casa quando Jay abriu uma carta de uma fã muito, muito jovem. Ela tinha escrito sobre como eles se apaixonariam e sobre como seria o casamento dos dois. Jayne estava filmando Jay naquele momento, mas, em vez de dizer que aquilo era bobagem ou de começar a rir, ele simplesmente sorriu e disse que poderia acontecer um dia, que nunca se sabe. Isso mostra como Jay é gentil e adorável. Ele é um em um milhão!

ABCDEFGHIJKLMNOPQRSTUVWXYZ

L é DE...

LADY GAGA

De todos os grandes artistas do momento, a mais admirada pelos garotos é Lady Gaga – o que pode parecer uma escolha inusitada, uma vez que eles não são os típicos fãs da cantora. Max não apenas gosta da música, mas também a acha muito bonita. No ano que esse livro foi escrito, os garotos nunca tinham se encontram pessoalmente com Lady Gaga. Max só entenderá a reação das próprias fãs quando for realmente corajoso para falar com a sua musa e pedir um autógrafo ou uma fotografia.

Tom admira a artista por suas habilidades como compositora, pois ela não apenas canta canções que outras pessoas escreveram. E, na verdade, Lady Gaga escrevia para outros artistas antes de ser lançada como artista solo por uma gravadora.

Jay compartilha da admiração de Max e Tom por Lady Gaga, e confessou ao 4Music: "Ela tem tudo: escreve as canções, é uma cantora e *performer* incrível e recebe dinheiro para criar vídeos e shows incríveis".

Os garotos podem adorar os vídeos da cantora, mas devem se sentir felizes por seu estilista não fazê-los usar roupas excêntricas no estilo daquelas que Lady Gaga usa. Eles podem usar peças normais, que não chamam muita atenção.

LOOSE WOMEN

Ser parte da banda permitiu aos garotos visitarem praticamente todas as estações de TV e rádio do Reino Unido. Eles já participaram de programas de televisão voltados tanto para o público mais jovem quanto para mulheres mais maduras. E adoraram serem entrevistados e se apresentarem no *This Morning* e no *Loose Woman* porque sabem o quanto as mães e as avós de suas fãs gostam dos programas. Siva, em particular, adorou participar do *This Morning* porque teve a oportunidade de conversar sobre a Irlanda com o apresentador Eamon Holmes.

Max falou ao Celebritain.com sobre a primeira visita do grupo ao *Loose Women:* "Nathan mais ou menos deu um tapinha no ombro de Kate [Thornton] para lhe dar um beijo, mas, enquanto ele fazia isso, ela deu meia-volta boquiaberta e quase engoliu a cabeça de Nathan".

Os garotos se saíram realmente bem durante a entrevista e responderam todas as perguntas lançadas por Kate Thornton, Denise Welch, Sherrie Hewson e Jane McDonald. Max achou todas elas lindas por serem mulheres mais velhas.

Quando questionado por um jornalista do Celebritain.com se alguma delas lhe deu bola, ele respondeu: "Ah, sim. Jane McDonald me deu bola. Todas elas me deram bola. Foi bom que Carol não estava lá!".

Kate, Denise, Sherrie e Jane devem ter adorado receber cinco garotos lindos para entrevistar. E elas sem dúvida os verão novamente toda vez que um single for lançado. Todos querem que os rapazes participem de seus programas, portanto, logo não haverá um apresentador sequer no Reino Unido que o The Wanted não teve a oportunidade de conhecer.

A B C D E F G H I J K L M N O P Q R S T U V W X Y Z

M É DE...

MAX

Max nasceu em Manchester, em 6 de setembro de 1988, no Hope Hospital, Salford. Recebeu de seus pais o nome de Maximillian Alberto George. Como este é um nome enorme, ele logo se tornou apenas Max. É o segundo membro mais velho do The Wanted (depois de Tom), mas também o mais baixo, com apenas 1,73 metro.

Max frequentou a Broad Oak Primary School, em uma região de Manchester chamada de East Didsbury. Os professores realmente limitavam os momentos de diversão e a escola tinha uma regra de "nada de bolas". Max, o louco por futebol, tinha que se virar com pedras para praticar o esporte, e então ele e seus colegas chutavam-nas, em vez de brincarem com bolas. As pedras deixaram cicatrizes horríveis nas pernas do cantor. Embora não ficasse feliz com isso, a mãe de Max não podia fazer nada a respeito. Ele precisava jogar futebol, pois não conseguia ser o tipo de garoto que passa os intervalos caminhando pelo pátio e conversando com as pessoas.

Max queria ser jogador profissional de futebol já naquela época, mas teve de desistir de seu sonho alguns anos mais tarde, quando sofreu um sério ferimento. Ele contou ao Industry Music: "Eu feri o flexor do meu quadril, o músculo que une a virilha ao quadril. Isso basicamente colocou um ponto-final na minha carreira como jogador de futebol".

A situação também feriu seu coração, já que Max era um jogador muito talentoso que poderia ter continuado na carreira. O garoto chegou até mesmo a jogar para os times de Manchester City, Bolton e England Schoolboys. Alguns de seus ex-colegas de time hoje em dia jogam nos maiores clubes da Primeira Liga e ganham muito dinheiro.

Em vez de ficar sentado e choramingando, Max decidiu experimentar algo novo e descobriu que realmente gostava de cantar e de se apresentar. Entrou para a *boy band* Avenue e, por algum tempo, chegou a pensar que tinha encontrado a razão de sua vida. Eles participaram das audições do *The X Factor* e chegaram aos doze finalistas, mas acabaram sendo desqualificados por terem quebrado as regras. Isso aconteceu durante um encontro com Louis Walsh, quando eles precisaram assinar um contrato no qual a banda teve de admitir que já tinha um contrato com outra pessoa. Max e seus colegas de banda não tinham se dado conta de que ter um contrato desse tipo quebrava as regras, e ficaram extremamente chocados quando receberam a notícia de que teriam de deixar o programa e não fariam shows ao vivo.

Isso foi outro golpe forte na vida de Max. Mas, em vez de desistir da indústria da música, a banda decidiu seguir em frente. E, depois de trocar um dos membros, o grupo conseguiu assinar o contrato que tanto desejava. Eles lançaram um single chamado "Last Goodbye" em setembro de 2008, mas a canção só conseguiu entrar no Top 50 – e, portanto, não tiveram a chance de lançar um segundo single e a turnê foi cancelada.

Max tirou algum tempo de folga quando o grupo se desfez, em abril de 2009, mas não demorou muito para ele voltar a participar de seleções para bandas e decidir tentar uma vaga no novo grupo que Jayne Collins estava reunindo. Max deve detestar quando

Antes do The Wanted, Max foi jogador de futebol e integrante da *boy band* Avenue. Ele ainda adora esportes e arranca suspiros com sua barriga tanquinho.

a mídia tenta dizer que o The Wanted e o Avenue são a mesma coisa, porque são bandas completamente diferentes. Ele se sente muito mais próximo de Tom, Jay, Siva e Nathan do que se sentia de Johnny, Jamie, Scott e Ross, muito embora tenha permanecido no Avenue por três anos e meio. Se Max pudesse voltar no tempo, ainda assim faria parte do Avenue, pois aprendeu muito sobre o que é estar em uma banda – e isso o ajudou a lidar melhor com as coisas agora que faz parte do The Wanted. Ele conversou com o Popjustice sobre como as coisas mudaram em sua vida: "Acho que dessa vez aprendi a colocar mais de mim, em vez de simplesmente receber ordens das pessoas. É bom ter seu próprio envolvimento, expressar suas visões e opiniões, porque se você pode pelo menos expressá-las, mesmo que não sejam ouvidas, elas foram declaradas. Mesmo quando não queríamos uma coisa [nos tempos de Avenue], não tínhamos a chance de falar. No The Wanted, escrevemos nossas canções – algo que não fazíamos no Avenue".

Ter uma segunda chance de ser um *pop star* deixou Max tão feliz que ele não está disposto a deixar que nada arruíne o The Wanted. Ele quer que o grupo permaneça na ativa por anos e anos. E confessou ao *Manchester Evening News:* "Para ser sincero, eu me sinto realmente sortudo porque sei que muitas pessoas tentam com todas as suas forças e nem sempre conseguem vencer no mundo da música. Eu nunca quis desistir do meu sonho, mas cheguei a dizer que essa seria minha última chance com uma *boy band*. Porém, parece que estou colhendo as recompensas".

Sua família está muito feliz com o fato de as coisas estarem dando certo para Max, e também acham os outros garotos ótimos. Seria péssimo para os integrantes se seus pais não gostassem dos demais membros, mas todos eles foram adotados nas famílias George, Sykes, McGuiness, Parker e Kaneswaran.

Quando Max levou Jay para conhecer sua família, a avó dele preparou linguiças fritas. Max teve de explicar a ela que Jay é vegetariano. Ela disse a Jay: "Deixe para lá, querido". Isso fez os garotos caírem na risada, e Jay contou à sua empresária Jayne que a avó de Max falou aquilo "como se fosse uma doença terminal". Mas Jay não passou fome, já que a avó de Max preparou um prato com ovos para ele.

Às vezes, quando os garotos estão em Manchester, o pai de Max dirige para a banda, mas ele parece não se incomodar. Para ele, deve ser bom ter Max em casa.

Christopher Polk/Getty Images for Clear Channel

TRÊS FATOS FASCINANTES SOBRE MAX

- Max conheceu Michael Jackson! Jay gostaria de ter tido a mesma experiência e admite sentir arrepios quando Max fala sobre isso.
- Max adora brincar com as orelhas das pessoas, e também gosta de fazê-las cantar. Ele coloca uma música e movimenta a orelha dos amigos de modo que pareça que a orelha está cantando. Estranho, mas é verdade!
- Assim como Jay, Max adora lagartos. Quando estava no Avenue, tinha seis desses animais, mas agora que divide a casa com os rapazes do The Wanted, eles têm apenas um lagarto para todos.

MAX GEORGE

MODA

Os garotos têm um estilista que escolhe as roupas que eles vestem e evita que caiam nos erros *fashion*. No passado, o The Wanted cometeu muitas dessas gafes, conforme explicaram ao site sobre moda ASOS. Jay afirmou: "Eu só aprendi a mexer com isso esses dias, mas costumava alisar meu cabelo. Olhando para trás, eu parecia um maricas. Só faltava uma tiara para ficar perfeito". O maior equívoco *fashion* de Tom também está relacionado aos cabelos. Ele disse: "Eu já raspei a cabeça, o que me fez parecer um bandido".

O maior erro *fashion* de Max é sua bota de pele de cobra, mas ele não deixou de usá-la. Talvez as pessoas riam desse sapato, mas ele o adora. E diz que vai contar quantas pessoas dão risada da próxima vez que usá-lo. Porém, agora que Max é uma celebridade, é provável que as pessoas riam menos, e talvez elas até achem as botas legais e comprem um par para usar.

O site também perguntou aos garotos o que eles gostam de ver mulheres usando. Todos responderam "nada" antes de Jay dizer "algo em estilo hippie". Max respondeu "macacões", enquanto Tom afirmou preferir um "estilo mais feminino" (ele provavelmente estava falando de saias e vestidos). Siva disse preferir jeans.

Quando os garotos não contam com a ajuda de um estilista, Max é o que tem as melhores roupas. Tom fica em segundo lugar, mas isso acontece porque ele rouba as roupas de Max. Jay tem o pior senso de estilo, mas não precisa se preocupar com isso porque o estilista da banda sempre escolhe algo bonito para ele vestir. E as fãs também dão aos garotos peças lindas.

MODELOS

Em junho de 2010, Siva, Max, Tom, Nathan e Jay fizeram uma apresentação no *The Clothes Show London*, mas tiveram que dividir o camarim com as modelos. Isso foi bastante complicado, tendo em vista que elas tinham apenas alguns segundos para trocarem de roupa, então simplesmente corriam, trocavam-se e saíam correndo novamente. Os garotos tiveram que tentar fechar os olhos enquanto as garotas nuas passavam por eles. Siva estava acostumado com isso, pois fora modelo e sabia como as coisas funcionavam. A maior dificuldade para não olhar provavelmente foi de Tom, tendo em vista o quanto ele adora garotas.

Todos acham que ser modelo é um trabalho fácil, mas isso não é verdade. Você é usado como uma tela, e os artistas mudam sua aparência para lhe fazerem parecer com o que eles querem que você pareça. Eles podem fazê-lo usar peças ridículas, e você não pode reclamar. Durante uma das sessões de fotos, Siva teve de usar calças com *glitter*, ficar sem camisa e de sandálias... E com uma estrutura estranha em formado de bola sobre sua cabeça. O look deveria parecer cool, mas simplesmente era estranho. E Siva é muito feliz por fazer músicas em vez de trabalhar como modelo hoje em dia.

Em agosto de 2010, todos os garotos puderam ser modelos por um dia, durante a sessão de fotos para seu primeiro calendário. Eles provavelmente não consideraram a possibilidade de fazerem calendários logo que deram início à carreira, mas a empresária e a gravadora do The Wanted perceberam que milhares de garotas adorariam começar cada mês de 2011 com uma nova foto da banda em suas paredes. Jay teve a chance de posar em um Mini Cooper durante uma das sessões, e teria adorado poder ficar com o carro. As fãs queriam que os garotos mostrassem seus músculos em algumas das fotos, assim como queriam outras imagens nas quais eles estivessem lindos e beijáveis.

Edição especial para fãs | 115

THE WANTED – EDIÇÃO ESPECIAL PARA FÃS

A B C D E F G H I J K L M N O P Q R S T U V W X Y Z

N É DE...

NATHAN

Nathan James Sykes (ou Nate, como seus amigos gostam de chamá-lo) nasceu em 18 de abril de 1993. Cresceu em Abbeydale, subúrbio de Gloucester, e é o mais jovem membro do The Wanted. Nathan afirma ter 1,75 metro, mas Jayne, a empresária do grupo, acha que ele é mais baixo do que isso. Como não tem muita estatura, ele não gostaria de sair com uma garota mais alta – afinal, isso o faria se sentir ainda menor.

Nathan tem uma irmã mais nova e viveu com sua mãe antes de se mudar para Londres, para morar com os garotos. Seu pai não vive muito longe, e tem muito orgulho do filho. Nathan contou ao jornal de sua cidade o que aconteceu quando disse a sua irmã que faria parte da banda: "Quando voltei para casa e contei a Jess que eu seria parte de uma *boy band*, ela achou aquilo engraçado, disse que eu não teria moral porque eu estava em uma *'boy band'*. Mas acho que agora ela está convencida e muito feliz por mim. E espero que eu tenha um pouco mais de moral agora".

Brian Babineau/Getty Images

Nathan pode ser o integrante mais novo do The Wanted, mas começou a cantar e a se apresentar quando tinha apenas seis anos. Em vários shows ele revela que seu dom musical vai além da voz, e arrasa no piano!

Diferentemente de Tom, que se interessou pela música aos dezesseis anos, Nathan é um garoto musical desde o primário. Sua primeira vez cantando em um palco aconteceu aos seis anos e ele adorou cada segundo. O garoto nasceu para o mundo dos espetáculos! Começou a tocar piano quando tinha sete anos e hoje é um excelente pianista, muito embora afirme que sua irmã mais nova toque melhor. Em 2002, apareceu no programa de TV *Karaoke Kriminals*, de Britney Spears, e conquistou o primeiro lugar. Ele ganhou uma foto autografada de Britney, um troféu e uma saia que ela usou no filme *Crossroads*. Aquilo foi uma enorme conquista, já que muitas crianças inscreveram-se para participar do programa. Dois anos mais tarde, Nathan decidiu participar do *Ministry of Mayhem*, da ITV, quando eles realizavam uma competição no estilo do *The X Factor*. Em 2007, venceu o concurso The Door's Undiscovered Youth Talent Competition, em Stroud, com uma apresentação de arrepiar de "Mack the Knife", de *A ópera dos três vinténs*. Nathan continuou cantando e se apresentando e, no ano seguinte, com apenas catorze anos de idade, chegou aos círculos regionais da competição Live and Unsigned. O garoto pode não ter chegado muito longe, mas mesmo assim fez bonito nos palcos. Também venceu duas vezes o Cheltenham Competitive Festival of Dramatic Art, em 2003 e em 2008.

Apesar de sua paixão por cantar e aparecer em diferentes shows de novos talentos, Nathan nunca deixou que isso afetasse seu desempenho na escola. Ele frequentou a Longlevens Junior School, que não ficava longe de sua casa. Era uma grande escola primária, com mais de quatrocentos alunos. Ele seguiria para a The Crypt, uma escola seletiva para garotos, no ano seguinte, mas acabou recebendo uma bolsa para estudar na Sylvia Young Theatre School, em Londres, e seria impossível dizer não. A escola é especializada em artes e muitas pessoas famosas já passaram por ela: Billie Piper, Emma Bunton, Amy Winehouse e Vanessa White são apenas quatro das mais de cinquenta grandes estrelas que desenvolveram seus dons na escola. Frequentar aquela instituição de ensino foi um desafio para Nathan, já que sua família não vivia em Londres. Ele precisava viajar três horas todos os dias para chegar lá, e outras três horas para voltar para casa. Acordar às cinco da manhã devia ser muito cansativo para o jovem, mas ele estava disposto a fazer isso para seguir com uma oportunidade que só aparece uma vez na vida.

Depois de seu período na Sylvia Young Theatre School, Nathan concluiu que queria terminar o colegial, para que, então, tivesse uma carta na manga. Então, foi para a Ribston Hall High School, em Gloucester. Seus novos colegas não tinham ideia de quão talentoso Nathan era, já que o jovem não comentava nada. Nathan já estava participando das seleções para a banda, mas não pôde contar a ninguém quando recebeu de Jayne a notícia de que tinha passado na última etapa – afinal, isso precisava ser um grande segredo. Ele finalmente revelou ao jornal local que tinha vencido um concurso de talentos: "Pensei que fosse para uma instituição de caridade, então me mostrei disposto a participar. Passei semanas dizendo que eu participaria, mas eles pensaram que eu estava brincando. Então, subi no palco e todos ficaram chocados com o fato de eu saber cantar". Nathan conseguiu fazer alguns de seus exames pouco antes de "All Time Low" ser lançado, mas não conseguiu fazer os exames do último ano na Ribston porque estava muito ocupado com a turnê e com o lançamento de mais singles. A escola declarou que Nathan poderia voltar quando quisesse, mas ele provavelmente não precisou, já que era um mega-astro.

Nathan pode ser o mais jovem do grupo, mas às vezes age como um homem mais velho e, em certas situações, é o mais sensível. Antes de fazer qualquer coisa, ele gosta de se sentar e beber uma xícara de chá. Sempre que um dos outros membros do The Wanted está preparando chá, Nathan pede para que prepare também uma xícara para ele – o garoto adora essa bebida! Não importa se está atrasado, ele sempre tem tempo para uma boa xícara!

Harry, o pai de Nathan, falou ao *Citizen Reporter* logo depois que "All Time Low" chegou à primeira posição das paradas: "Estou extremamente orgulhoso dele. A meu ver, Nathan trabalhou incansavelmente desde os seis anos de idade para alcançar esse objetivo. Ele vem impressionando multidões por anos, e agora está se apresentando para centenas de milhares de pessoas. A alegria que corre pela família, tanto aqui quanto em Grimsby, de onde venho, é incrível. Todos estão orgulhosos dele. Nós estamos demonstrando apoio e fomos assistir a alguns de seus shows".

Nathan deve ter ficado chateado por não conseguir comemorar com sua família no dia em que "All Time Low" chegou à primeira posição das paradas. No dia seguinte, ele decidiu dar uma escapulida até sua casa para visitar a mãe e a irmã, e eles então realizaram uma pequena festa em família. Nathan é muito próximo de sua mãe e de sua irmã, e telefona para elas todos os dias para contar-lhes o que está fazendo e o que está acontecendo. Sempre que as coisas se tornam pesadas demais, Nathan sabe que pode ligar para sua mãe pedindo conselhos. E acredita que não estaria na banda se não fosse por ela, pois supõe que o fato de sua mãe ser professora de música o levou a querer fazer música. A viagem de Nathan para casa durou apenas um dia, mas mesmo assim ele ficou feliz.

O cantor contou ao *Citizen Reporter:* "Eu sempre quis seguir a carreira de cantor, muito embora as pessoas me dissessem que era muito difícil entrar nesse mundo. Eu estava preparado para trabalhar muito até conseguir o que queria. Quando eu era mais novo, tinha a esperança de um dia chegar ao primeiro lugar das paradas, mas nunca imaginei que isso realmente aconteceria. Quando eu era mais novo, era tímido e quieto, mas no palco sou completamente diferente".

Imeh Akpanudosen/Getty Images

TRÊS FATOS FASCINANTES SOBRE NATHAN

- Se a banda se desfizer, todos acreditam que Nathan seguirá carreira solo, já que o garoto é muito talentoso.
- Em 2004, Nathan participou de uma competição na TV em busca de um cantor para representar o Reino Unido no Junior Eurovision Song Contest. Ele ficou em terceiro lugar com a canção "Born to Dance".
- Se fosse casar e tivesse de escolher um membro do The Wanted para ser seu padrinho, Nathan escolheria Max, porque acredita que Max faria um bom discurso.

NATHAN SYKES

NU

Max já pousou nu para uma revista. O objetivo do projeto era arrecadar fundos para pesquisas sobre câncer e tentar encorajar os homens a fazerem testes em buscas de nódulos. Max ficou completamente nu, exceto pela placa do Avenue. Ele não pareceu se importar, pois o gesto era por uma boa causa. Talvez, no futuro, Siva, Nathan, Tom e Jay estejam dispostos a fazer algo do tipo. As fãs do The Wanted ficarão loucas se isso acontecer!

Max e Jay contam que Tom sempre tira as roupas no carro e fica ali, sentado, nu. Nathan costuma ser quem está por trás da câmera quando os vídeos dos garotos correndo seminus são filmados. Os demais membros da banda saem de seus quartos e não esperam ver Nathan parado, filmando-os. Em outras ocasiões, ele entra nos quartos dos garotos quando eles estão dormindo e os filma para que as fãs vejam como eles ficam enquanto dormem.

Quando a banda decidiu fazer algumas imagens em uma cabine de fotos de uma estação de trem, eles causaram um rebuliço, pois Max e Tom começaram a tirar as roupas e muitas pessoas estavam esperando sua vez de entrar na cabine. Quando os garotos terminaram, um homem se aproximou e puxou a cortina – e os membros da banda não puderam conter o riso, pois havia uma foto deles nus na tela. O homem deve ter ficado muito confuso. Se quiser ver as fotos dos garotos, vá até o site oficial (www.thewantedmusic.com) – o papel de parede é composto dessas fotos tiradas em cabines.

A B C D E F G H I J K L M N O P Q R S T U V W X Y Z

O É DE...

ORIGINALIDADE

Todas as bandas querem ser originais quando o assunto é a própria música e seu nome. Elas não querem simplesmente copiar outros grupos, mas criar tendência.

Escrever e cantar canções originais era algo muito importante para Siva, Nathan, Max, Jay e Tom, e eles ficaram muito felizes ao assinarem com uma gravadora que não os fez lançar um *cover* como primeiro single. Os garotos teriam detestado ser como os vencedores do *The X Factor*, que lançam um *cover* (e as pessoas sempre comparam esse *cover* ao original). Com "All Time Low", isso não aconteceu, já que o The Wanted foi o primeiro grupo a cantar a faixa.

Escolher um nome original e com sonoridade interessante também foi algo muito importante. Se o grupo tivesse escolhido um nome ruim, talvez as pessoas não os levassem a sério. Foi Nathan quem criou o nome The Wanted, e todos os outros concordaram que se tratava de um nome legal. Algumas pessoas dizem que o grupo deveria se chamar Wanted, em vez de The Wanted, mas isso não foi uma opção. Em Nova Jersey, já existe uma banda de country, rock e blues chamada Wanted, e essa banda vem fazendo shows há vinte anos. E, se um grupo já usa um nome, obviamente outro grupo musical não pode usá-lo. Em 2002, a banda Liberty teve que mudar seu nome para Liberty X depois que um processo foi aberto e vencido pela banda Liberty original.

Nathan contou ao *Daily Star* como surgiu o nome: "Temos uma música chamada 'Let's Get Ugly', que inclui um *sample* de 'The Good, the Bad and the Ugly'[5]. Tive essa visão de todos nós em pôsteres de procurados [*wanted*, em inglês] e, como meus colegas de banda não conseguiram criar nada melhor, ficamos com esse nome.".

---

[5] Esta música faz parte da trilha sonora de um filme de faroeste. Em português, o nome do filme é *Três homens em conflito*. (N. E.)

P É DE...

PAQUERAS

O The Wanted é formado pelos mais belos jovens do mundo, então não é de se surpreender que milhares de garotas sintam-se atraídas por eles. E não são apenas meninas inglesas e irlandesas, mas também da Alemanha, dos Estados Unidos, do Canadá e... bem, em todos os cantos as garotas adoram Jay, Siva, Max, Tom e Nathan.

A banda acredita que Max seja o galã do The Wanted, mas Tom gosta de pensar que esse papel lhe pertence. Siva brinca que, quando eles estão em um clube noturno, ele simplesmente aponta para Max e diz às garotas: "Aqui está ele". Siva afirma que Max é paquerado o tempo todo. Você acha que Max é o mais bonito? Ou prefere outro membro do grupo?

Max declarou a um entrevistador: "As fãs já estão se reunindo em times e eu estou à frente na disputa, sinceramente! Talvez seja a cabeça raspada ou o peitoral masculino, não sei. Mas os outros garotos detestam isso".

Em Los Angeles, Califórnia, os garotos mostram toda a classe ao posar para uma foto.

Max e os demais integrantes podem pensar que mais garotas têm uma queda por ele do que pelo restante da banda – porém, durante as apresentações em escolas, Nathan foi o mais assediado pelas fãs. Como todos os cinco garotos são muito diferentes, praticamente todas as admiradoras podem encontrar seu favorito na banda. Se você gosta de meninos com aparência de modelo, talvez prefira Siva; mas, se prefere garotos atrevidos, talvez seu favorito seja Tom (e talvez não exista ninguém mais atrevido do que Tom!). Ele diz que, se fosse uma garota e tivesse que escolher um membro do The Wanted para um encontro romântico, escolheria todos eles!

Durante uma entrevista, pediram para que os garotos fizessem uma fila de acordo com quem flerta mais. Tom ficou em primeiro lugar, seguido por Max. Em um primeiro momento, Jay tomou o terceiro lugar, mas logo trocou de posição com Nathan por acreditar que seu colega flerta mais com as fãs. Siva ficou em último lugar e é o membro menos paquerador do The Wanted, já que tem namorada.

Quando a banda é entrevistada, às vezes as jornalistas ou apresentadoras não conseguem evitar de se apaixonar. Miquita Oliver, apresentadora do *T4*, admitiu depois de sua primeira entrevista com os garotos que, se fosse escolher um membro do The Wanted para sair, escolheria Jay. Ela o acha lindo e ele está mais próximo de sua idade do que Nathan, que é o mais novo da banda.

Os garotos têm suas próprias quedas por celebridades – e, portanto, sabem o que é ter uma paixão por alguém que está fora do seu círculo de amizades (muito embora elas possam não estar). Jay tem uma queda por Hayley Williams, vocalista da banda americana de rock Paramore. Ele confessou ao *Metro*: "Ela é incrível. É linda. Eu só a vi na TV, mas aquela garota tem a boca perfeita. É maravilhosa".

Se Jay se encontrasse com Hayley na vida real, talvez tivesse problemas em fazê-la gostar dele tanto quanto ele gosta dela. Ele contou à *Bliss:* "Eu sou um pateta e com frequência digo algo idiota a uma bela garota e ela me olha com ares de nojo!".

A imprensa já afirmou que Max saia com Vanessa, do The Saturdays, porque eles se aproximaram enquanto estavam juntos em turnê. A alegação não era verdadeira e Max admitiu que Mollie é sua favorita, muito embora ela tivesse um namorado naquela época – Andy Brown – há mais de um ano. Andy era um dos colegas de banda de Max na Avenue. Isso apenas mostra o quão pequeno é o mundo do *showbiz*. Na verdade, Jay é o membro da banda que acha Vanessa a mais atraente.

Siva não se sente atraído por garotas famosas que eles conhecem quando saem, vão a festas de celebridades ou fazem shows. Quando conheceu Una, do The Saturdays, ele disse: "É impressão minha ou sou realmente alto?", conforme revelado por Jay em um dos vídeos do Wanted Wednesday. Jay não conseguia acreditar que Siva tinha dito algo desse tipo quando havia um milhão de outras coisas que poderiam ser ditas. Tom tem uma queda por Una e (em seus sonhos) já saiu com ela.

Max também gosta do The Saturdays, mas Cheryl Tweedy é a celebridade por quem tem uma queda. Ele a acha linda. E também tem uma fraqueza por Pixie Lott. Deve ser estranho sentir desejos pelas garotas do The Saturday e por Pixie Lott, já que os cantores são amigos e às vezes saem juntos.

Na vida real, Nathan diz que gosta de garotas quietas, mas que a celebridade que gostaria de beijar é Miley Cyrus (exatamente o oposto de quieta). A própria Miley diz que não para de falar, e parece estranho que Nathan a tenha escolhido como celebridade por quem se sente atraído. Talvez ele goste de Miley porque eles têm idades mais próximas. Outras mulheres pelas quais Nathan se sente atraído são Abbey Clancy, Megan Fox e Cheryl Tweedy.

PIXIE LOTT

Pixie Lott é uma cantora muito talentosa e Jay, Nathan, Max, Tom e Siva adorariam ter a chance de trabalhar com ela um dia. Eles adoram o primeiro single "Mama Do (Uh Oh, Uh Oh)" e o segundo single "Boys and Girls" da cantora e gostariam muito de firmar uma parceria com ela.

Pixie é de Londres, portanto conhece todos os melhores lugares para se frequentar. Então, já convidou os garotos para saírem algumas vezes com ela. Pixie chegou a sair com as The Saturdays e Beverley Knight depois de um show, mas os garotos já tiveram que recusar uma vez porque sua empresária disse que eles precisavam fazer outra coisa. As garotas não ficaram magoadas porque sabem como é estar muito ocupado quando se está promovendo um single.

Max ficou muito encantado com Pixie e admitiu ao *Mirror:* "Conversei com Pixie Lott e ela foi muito gentil. Porém, toda vez que eu tentava lançar uma palavra mais atrevida, era rebatido com gentileza. Mas o importante é tentar".

Seria muito legal se Pixie namorasse Max ou algum dos outros rapazes, já que ela é linda, talentosa e tem uma personalidade adorável. Além disso, Pixie sabe lidar com a fama e com os *paparazzi* – e, portanto, não se sentiria intimidada pela atenção da imprensa.

PRÊMIOS

Os garotos receberam seu primeiro prêmio no Arqiva Commercial Radio Awards, em 17 de junho de 2010. Enquanto se preparava, Jay brincou dizendo que tinha ganhado um prêmio no passado: o de "Melhor Segundo Lugar" durante umas férias de uma semana em um acampamento. Muitas competições e corridas aconteceram ao longo de toda a semana, mas Jay acabava sendo vencido todas as vezes. Foi por isso que decidiram lhe dar um prêmio. Nathan é o membro da banda que mais ganhou prêmios e venceu competições, embora seja o mais jovem. E são prêmios conquistados por cantar e se apresentar.

Jay vai ganhar muito mais prêmios agora que está no grupo. O The Wanted tem tanto talento que acabará precisando de muito espaço para guardar todos os troféus que conquistará ao longo dos próximos anos. Tom, Nathan, Jay, Max e Siva são diferentes e suas canções são tão boas que será fácil colecionar estatuetas do Brit Awards, MTV Europe Music Awards, Music Video Awards e Nickelodeon Kid's Choice Awards.

Confira as principais indicações e premiações que o The Wanted conquistou até o começo de 2013. Se continuarem nesse ritmo, em pouco tempo será difícil fazer uma lista como essa...

2010

4MUSIC AWARDS
- Melhor Vídeo (por "All Time Low") | Indicado
- Melhor Artista Revelação | Premiado
- Meninos Mais Quentes | Premiado
VIRGIN MEDIA MUSIC AWARDS
- Melhor Grupo | Indicado
- Melhor Artista Revelação | Indicado

2011

BBC RADIO 1 TEEN AWARDS
- Melhor Artista Britânico | Premiado
ARQIVA AWARDS
- Melhor Artista Revelação | Premiado
BRIT AWARDS
- Melhor Single Britânico (por *All Time Low*) | Indicado
PETA UK
- Sexiest Vegetarian | Premiado

2012

WORLD MUSIC AWARDS
- Melhor Álbum (por *The Wanted EP*) | Indicado
- Melhor Grupo | Indicado
- Melhor Vídeo (por "I Found You") | Indicado
- Melhor Música (por "Chasing The Sun") | Indicado
AMERICAN MUSIC AWARDS
- Banda ou Duo Favorito POP/ROCK | Indicado
MTV MUSIC AWARDS
- Melhor Artista Revelação | Indicado
TEEN CHOICE AWARDS
- Música do Verão (por "Glad You Came") | Indicado
- Melhor Grupo | Indicado
- Estrela da Música: Grupo | Indicado
- Melhor Grupo Revelação | Indicado
BRIT AWARDS
- Melhor Single Britânico (por "Glad You Came") | Indicado

2013

PEOPLE'S CHOICE AWARDS
- Novo Artista Favorito | Premiado

Tom, Siva, Jay, Nathan e Max posam com a tocha olímpica dos Jogos Olímpicos de 2012, em Londres.

PRIMEIRAS IMPRESSÕES

Todo mundo sabe que é importante causar uma boa impressão quando se encontra alguém pela primeira vez. Quando os rapazes da banda se conheceram, a situação foi um pouco estranha. Nathan, Tom e Jay haviam sido escolhidos primeiro, e só depois Jayne encontrou Max e Siva para se unir a eles. Alguns dos membros da banda trabalharam juntos durante as fases de audição, mas nada os preparou para o primeiro encontro oficial como um grupo.

Max queria que os outros membros gostassem dele, então logo de início lançou uma série de piadas. Ele estava tentando ser engraçado, mas no final acabou relaxando e deixando o verdadeiro Max tomar conta da situação. Em um primeiro momento, Jay sentiu-se intimidado pela boa aparência de Siva, mas agora isso não acontece mais. Max gosta de brincar que o irmão idêntico de Siva, Kumar, é mais bonito do que o membro da banda.

Para Siva, deve ter sido empolgante conhecer os demais membros do grupo, mas talvez ele tenha desejado que Kumar estivesse ali com ele. Kumar também tinha participado das audições para fazer parte da banda, assim como outro de seus irmãos, mas Jayne não os escolheu. Isso deve ter sido difícil para os três – afinal, um deles entrou para o grupo de seus sonhos e os outros dois tiveram de ir para casa. Kumar e seus outros irmãos continuam apoiando Siva e querem que ele se dê bem. Para eles, era melhor ter um membro da família no grupo do que nenhum. Siva talvez tivesse deixado a banda se seus irmãos não tivessem demonstrado tanto apoio, e sempre haverá um laço inabalável, tanto com seu irmão gêmeo quanto com os demais.

Além de Siva, os outros integrantes talvez tenham desejado inicialmente que alguns dos garotos de quem se tornaram amigos durante as audições tivessem sido selecionados para o grupo, mas eles em momento algum deram declarações sobre isso. Acabaram se dando conta de que Jayne escolheu os cinco melhores rapazes e, a essa altura, certamente não imaginam mais ninguém como parte da banda. Os cinco são grandes amigos e adoram trabalhar e viver juntos.

A B C D E F G H I J K L M N O P Q R S T U V W X Y Z

Q É DE...

QUESTÕES...

Os garotos já concederam tantas entrevistas em diferentes países que, a essa altura, devem estar cansados de responder as mesmas perguntas várias e várias vezes. Alguns dos entrevistadores são fãs da banda ou realizam pesquisas de antemão – e, por conta disso, conseguem lançar perguntas mais interessantes, que a banda não tenha respondido anteriormente.

Os rapazes acham que suas fãs no Twitter (e não jornalistas e apresentadores experientes) lançam as questões mais interessantes. As fãs perguntam sobre coisas mais aleatórias, como "Qual é a sua bala preferida?". Elas também ajudam os garotos respondendo perguntas. Quando o horário mudou, Tom ficou muito confuso e tuitou: "Que horas são?". E as fãs logo lhe responderam. Em outras ocasiões, as fãs simplesmente sugerem coisas que talvez a banda possa fazer. Como Max é um grande fã de futebol, elas avisam quando os jogos acontecerão e qual canal ele precisa sintonizar para assisti-los.

As fãs também já perguntaram ao The Wanted quem seria quem se eles fossem as Spice Girls. A resposta foi que Nathan seria Emma, Tom seria Geri, Jay seria Mel C, Max seria Mel B e Siva, é claro, seria Victoria (o que funcionou muito bem, já que Siva é muito elegante). Os garotos adoraram essa pergunta porque acharam que se encaixavam muito bem aos nomes que escolherem. Tom e Max também admitiram que achavam Geri linda quando as Spice Girls surgiram (e provavelmente acham-nas lindas hoje em dia também).

Durante um dos vídeos do Wanted Wednesday, uma fã pediu a Tom para perguntar a Max qual foi a situação mais engraçada que ele presenciou desde que entrou para a banda. Em vez de se sentir constrangido, Max entregou o que aconteceu quando Jay conheceu Frankie do The Saturdays depois de um show. Siva ficou muito contente por Max ter escolhido essa história para contar. Max afirmou que Jay começou a chorar porque tinha bebido demais e estavam naquele clima de "eu amo todo mundo". No fundo, Jay não queria que a história se tornasse pública, mas Max não pôde se conter e contou a todos.

Em outro vídeo, Max leu em voz alta a pergunta de uma fã para Nathan, e a questão era ótima: "Se você precisasse expulsar um membro da banda e substitui-lo por uma celebridade, quem seria?". Nathan tentou dizer que expulsaria a si e traria Justin Bieber para o grupo, mas Max, Jay, Tom e Siva não aceitaram isso como resposta, pois pensaram que ele estava se esquivando. No final, Nathan disse que se livraria de Max e o substituiria por Shayne Ward, vencedor de uma das edições do *The X Factor*. Jayne, a empresária do grupo, estava ouvindo e disse que jamais deixaria isso acontecer. Ela não conseguia enxergar nenhum propósito nisso e escolheria contratar alguém com mais "mérito". Jay sugeriu que eles trouxessem Gary Barlow para o grupo, mas Jayne disse que eles deveriam escolher Robbie Williams se se livrassem de Tom. Pobre Tom! Ao final do bate-papo, eles declararam que dispensariam Tom e Max e que contratariam Robbie e Gary, que se livrariam de Siva e trariam Kumar, e que substituiriam Jay por Tom, seu irmão gêmeo. Então, só sobraria Nathan da formação original.

Às vezes, em entrevistas, Jay, Max, Tom, Siva e Nathan escolhem se divertir e criar desafios uns para os outros. Durante uma entrevista concedida a *Teen Today*, eles competiram para ver quem poderia abaixar-se mais na cadeira sem que o entrevistador percebesse. Max e Jay se saíram muito bem. Eles desceram até que somente suas cabeças estivessem visíveis acima da mesa. Durante a mesma entrevista, os garotos também estabeleceram o desafio de lançar trechos de músicas no meio de suas respostas. Siva foi o primeiro com "lose my mind"; Jay veio em seguida com "riding solo". Então, Siva mencionou "get here". E aquilo se tornou uma batalha entre Siva e Jay, e este último saiu vitorioso. Jay conseguiu falar "man in the mirror", "let's get physical", "so long, farewell" e "I'm just a teenage dirtbag". O entrevistador sequer notou a brincadeira!

Siva contou em uma entrevista para um dos vídeos do Wanted Wednesday que se tivesse direito a três desejos concedidos por um gênio da lâmpada, ele pediria:

1. Que o The Wanted pudesse dominar o mundo;
2. Estoques ilimitados de brownies de chocolate; e
3. Capacidade de voar.

Em outro episódio do Wanted Wednesday, Jay foi questionado sobre qual membro do grupo ele levaria consigo se ficasse preso em uma ilha deserta. Ele escolheu Max por dois motivos:

1. Jay acredita que Max seria capaz de cuidar de si, e que ele seria como o aventureiro britânico Bear Grylls;
2. Como ele é o mais musculoso dos outros três, se ele morresse haveria mais comida. Eca!

Outra boa pergunta lançada aos garotos em uma entrevista foi quais superpoderes eles teriam se pudessem escolher qualquer um deles. Tom, como era de se esperar, escolheu visão de raio X, para poder ver mulheres nuas. Siva disse que queria ser um Super-Homem asiático. Max, por sua vez, escolheu o poder de controlar o iTunes, para que "All Time Low" permanecesse na primeira posição por três anos.

THE WANTED - EDIÇÃO ESPECIAL PARA FÃS

ABCDEFGHIJKLMNOPQRSTUVWXYZ

R É DE...

RIHANNA

Siva pode ter há tempos uma namorada chamada Nareesha, mas as pessoas não deixam de ligá-lo à estrela de "Umbrella", Rihanna, desde que os dois começaram a conversar durante o Summertime Ball em Wembley, em junho de 2010. Naquela noite, os dois seguiram com o restante dos garotos até uma casa noturna chamada Mahiki. Trata-se de uma casa em estilo havaiano frequentada por muitas celebridades. Emma Watson, Sugababes, Paris Hilton e Lindsay Lohan já tiveram noitadas com seus amigos no Mahiki.

Siva confessou ao *Metro*: "É verdade. Eu a conheci em uma casa noturna. Ela é muito gentil e muito alta. Dançamos, e ela é realmente legal. E trocamos números de telefone".

Siva e Rihanna trocaram algumas mensagens de texto, mas não há chances de eles terem encontros românticos, já que ambos estão saindo com outras pessoas. Jay, Max, Tom e Nathan adorariam passar seus telefones para Rihanna, mas ela só queria o de Siva.

Quando a história explodiu, Siva não se importou. Porém, com o passar dos meses, o cantor deve ter se cansado de ver pessoas falando o tempo todo sobre aquela noite. Agora ele praticamente não menciona o fato e mantém em segredo o conteúdo daquelas mensagens de texto. Os outros garotos, todavia, adoram falar sobre isso, já que gostam de provocar Siva.

Jay contou ao *Metro*: "Na noite em que aquilo aconteceu, foi dito a Siva que ele não tinha permissão para falar nada sobre o assunto. Pelo que eu vi, a situação parecia bastante aquecida. Ela é areia demais para o nosso caminhãozinho".

Ele gosta de dizer que Siva a levou até o Greggs para comer uma massa no dia seguinte ao encontro, e que comprou para ela um McFlurry do McDonald's. Isso não aconteceu de fato, mas seria engraçado se tivesse acontecido.

ROUPA ÍNTIMA

Já é fato reconhecido que, quando as *boy bands* estão no palco, as garotas jogam roupas íntimas para o grupo – às vezes com o número de celular anotado. Isso não é novidade.

Os garotos do The Wanted também recebem roupas íntimas, seja por correspondência ou diretamente em mãos, como presente mesmo. Uma fã comprou uma cueca boxer adorável para Jay em seu aniversário, mas Max tomou a peça primeiro em suas mãos e a usou antes que Jay tivesse oportunidade de fazer isso. Todavia, Jay não se importou – os garotos emprestam roupas uns para os outros o tempo todo. Se eles veem uma camiseta legal pendurada pela casa, simplesmente a colocam, independentemente de a quem ela pertença. Ter um estilista que escolhe as peças para as entrevistas e as apresentações significa que os garotos não são possessivos quando o assunto é roupas. Aliás, o fato de um usar a cueca do outro deixa claro o quão confortáveis eles se sentem uns com os outros!

Às vezes, a banda dá cuecas como prêmios. Os garotos realizaram uma competição na qual a vencedora levaria algo da casa, e essa vencedora foi Laura Hodgkinson. Ela ganhou uma cueca boxer de Tom. A garota chorou de felicidade quando descobriu que tinha vencido e passou a verificar sua caixa de correio todos os dias, até que, duas semanas depois, a peça finalmente chegou.

Laura tuitou: "@TomTheWanted adivinhe o que eu recebi pelo correio quarta-feira?! Sua cueca!! Muito obrigada por autografá-la. Você não tem ideia de quanto me fez feliz. Acho que sou a garota mais sortuda do mundo!!!!! :) Estou MUITO FELIZ! Obrigadaaa! Você poderia me seguir, por favor?!?!?! Amo muito você <3 xxxx".

A cueca era da Next e Tom escreveu: "Para Laura. Espero que você goste da cueca boxer e que ela não tenha um cheiro muito forte. Com muito amor, Tom X".

Laura é uma enorme fã do The Wanted e já recebeu uma tuitada de cada membro da banda, exceto Max. Mas ela está trabalhando para conseguir uma tuitada dele também, afinal, ela quer ter contato com todos!

THE WANTED - EDIÇÃO ESPECIAL PARA FÃS

A B C D E F G H I J K L M N O P Q R S T U V W X Y Z

S É DE...

SCHOOL TOUR

Quando os garotos estavam começando, a gravadora e os empresários acharam que fazer uma turnê por colégios poderia ser a melhor forma de levar a música do grupo a ouvintes em potencial. Isso significava muitas apresentações e muitas viagens, mas Jay, Nathan, Tom, Max e Siva estavam mais do que dispostos a embarcar nessa nova realidade. Eles queriam cantar "All Time Low" para o público e saber o que as pessoas achavam da música.

A primeira escola que os garotos visitaram foi a Addington High School, em Croydon. Eles não precisaram percorrer uma grande distância para chegar até lá, mas mesmo assim estavam muito nervosos. Todavia, não precisariam estar. Todos que os viram cantar adoraram e as garotas logo começaram a escolher quais dos meninos eram seus preferidos. Eles distribuíram pôsteres e algumas outras coisas para que os alunos se lembrassem deles. Jay é muito atrevido e, depois do espetáculo, escreveu com uma caneta preta em uma carteira e pegou o crachá de um funcionário como lembrança do dia. Jay não conseguia se conter, e Jayne teve de chamar sua atenção. Max foi um perfeito herói simplesmente por ter saído da cama naquele dia, já que estava passando muito mal. Sua garganta estava tão inchada que ele precisou comer mingau com mel e fazer inalação para tentar encarar o dia, já que o grupo faria outra apresentação em outra escola logo que saíssem da Addington High School – e Max não queria decepcionar ninguém.

Durante a turnê pelas escolas, a banda fazia shows em cinco escolas por semana, e três apresentações em cada escola. Eles também se apresentaram em algumas casas noturnas para que um público um pouco mais velho os conhecesse. Realizar mais de quinze espetáculos em uma semana deve ter sido muito cansativo, mas os garotos em momento algum deixaram esse cansaço transparecer. Em vez disso, buscavam garantir que o 15º show da semana fosse tão bom quanto o primeiro. Max surpreendeu-se com quão intensos os jovens eram em algumas das escolas. Jay várias vezes viu alunas de doze anos segurando faixas com seus números de telefone, o que o deixou chocado, já que era algo que ele jamais pensou que veria acontecer. E também porque aquelas alunas eram jovens demais.

Jay conversou sobre a turnê pelas escolas com o *Metro:* "Logo no início, eles não se importavam. Pareciam entediados, como se preferissem estar na aula de matemática. Mas, conforme o tempo foi passando, alcançamos uma interação muito boa. Especialmente em colégios voltados para o público feminino. Elas gritavam a ponto de nos preocuparmos com a possibilidade de se ferirem. É revigorante, mas em alguns momentos também é um pouco assustador".

Nathan teve a oportunidade de tocar em seu antigo colégio, o Ribston Hall High, em Gloucester. Isso foi um enorme privilégio, já que os outros membros da banda não tiveram a chance de se apresentarem em suas escolas. Nathan achou a experiência um pouco surreal, afinal, alguns meses antes ele ainda era um dos alunos daquela escola. O cantor reconheceu muitos colegas e professores – e deve ter se sentido como se devesse estar ali sentado com os outros, em vez de estar no palco.

Minutos antes do horário marcado para entrar no palco, Nathan conversou com seu amigo Oscar sobre como estava se sentindo em relação a se apresentar em seu colégio. A escola havia providenciado um bufê especial para a ocasião. Nathan disse: "É realmente estranho... Não estou certo se gosto disso. As coisas podem acabar saindo muito bem... ou muito mal". O garoto surpreendeu-se com a reação que a banda causou ao chegar à escola, já que ele não era visto como Nathan, mas como um *pop star*. Todos os demais membros da banda gostaram da experiência de preparar um show especial, afinal, aquela era a escola de Nathan. E Jay apaixonou-se por uma das professoras!

Nathan revelou ao *Daily Star*: "Realizamos recentemente um show no meu antigo colégio. Foi uma loucura. No meu tempo, eu era um dos onze garotos que estudavam lá, então no show havia basicamente só garotas gritando". Siva acrescentou: "Nathan é um cara modesto, então ele jamais assumiria que elas todas estavam gritando seu nome. Mas ele não fica constrangido. Pode ser o mais jovem, mas também é o menos nervoso".

Depois de realizar a primeira turnê por escolas, eles tiveram duas semanas de folga, mas, quando voltaram à ativa, surpreenderam-se ao ver as pessoas cantando "All Time Low" durante os shows. Antes disso, o público simplesmente os assistia em silêncio. Aqueles que sabiam a letra provavelmente tinham visto os garotos no YouTube e lido o que outros jovens tinham dito sobre eles na internet. Não demorou para que grupos de fãs se reunissem no Facebook.

SEGURANÇAS

Conforme os garotos tornaram-se mais e mais famosos, precisaram contratar cada vez mais profissionais para protegê-los. Passaram a precisar de seus próprios seguranças para ajudá-los a se deslocar do carro até o local dos shows, já que as multidões sempre tentam empurrar uns aos outros até alcançá-los. Isso talvez pareça inofensivo para algumas pessoas, mas também pode ser muito perigoso. Os garotos podem se ferir ou, se uma fã cair no chão, ela pode ser pisoteada e se machucar. O The Wanted não quer que isso aconteça, então eles têm seus próprios seguranças para conter as multidões e abrir um caminho seguro para eles.

Ter de andar por aí com seguranças é algo com que os garotos terão de se acostumar, pois quanto mais famosos ficarem, de mais seguranças irão precisar. E esses funcionários também ajudam a manter os *paparazzi* distantes.

Os garotos do The Wanted sempre querem dar autógrafos às fãs e, em uma apresentação no Westfield Shopping Centre, chegaram a ficar cinco horas assinando para elas. As fãs receberam pulseiras de cores diferentes e foi pedido a elas para que saíssem em grupo para evitar problemas. Os seguranças têm muita experiência e sabem lidar com quaisquer situações, já que são ex-soldados do Serviço Aéreo Especial.

SHOWS NO BRASIL

A primeira vez que o The Wanted veio ao Brasil foi em 2011. A banda chegou a São Paulo para abrir o show de Justin Bieber, o ídolo teen que estourou na época. Os garotos ainda não eram superconhecidos no país, mas a apresentação foi um sucesso e eles logo conquistaram as fãs de Bieber também.

Em entrevista aos sites brasileiros, os meninos afirmaram que o show no Estádio do Morumbi tinha sido até aquele momento o melhor que eles já haviam feito. O The Wanted também se surpreendeu ao perceber que o público conhecia suas músicas. Eles revelaram ser uma grande emoção ver que o trabalho de cada um deles ultrapassou a fronteira do Reino Unido e atravessou oceanos.

Em 2012 o The Wanted voltou ao Brasil para se apresentar no Rio de Janeiro e em São Paulo pelo Z Festival. A banda veio como aposta de sensação teen do momento junto a outras atrações internacionais de peso, como Demi Lovato e McFly. O show na capital paulista aconteceu na Arena Anhembi, no dia 29 de setembro, e a apresentação carioca no HSBC Arena, em 28 de setembro. A performance dos garotos foi superelogiada e levou as fãs à loucura: elas estavam tão histéricas que jogaram lingeries em direção ao palco.

Os dois shows contaram com grandes hits como "Glad You Came" e muitas surpresas para o público. Os integrantes do The Wanted receberam as fãs no camarim antes das apresentações para que elas pudessem tirar fotos e receber autógrafos de seus ídolos.

SIVA

Siva Kaneswaran nasceu e foi criado em Dublin, na Irlanda. Seu nome significa "puro". Ele é, ao lado de Jay, o mais alto membro do The Wanted, com 1,85 metro de altura. No entanto, às vezes parece mais alto, porque é mais magro do que Jay. Siva pode se descrever como alto, moreno e lindo, mas na verdade tem cabelos ruivos. Sua mãe tem fios ruivos, então isso está em seu gene. Metade de sua família é do Sri-Lanka e a outra metade é da Irlanda.

Assim como as fãs, os jornalistas e apresentadores também têm seus membros favoritos do The Wanted. Uma colunista do site EQ escreveu em um de seus artigos: "Siva é o mais educado e atencioso membro do The Wanted. Eu me sentei ao lado dele durante uma entrevista e ele é aquele que oferece uma cadeira e o faz sentir-se à vontade. Toda vez que você olha para Siva, ele lança aquele sorriso de um milhão de dólares para você saber que está tudo bem. Muitas vezes já fiz entrevistas com *pop stars* com a atitude 'eu sou melhor do que você', mas não com Siva. Ele é um verdadeiro cavalheiro e um verdadeiro astro".

Mudar-se para viver com os garotos provavelmente foi algo mais fácil para Siva e Max. Max já tinha dividido uma casa com os membros do Avenue, e Siva tem um total de sete irmãos e irmãs, então está acostumado a dividir espaço com muitas pessoas. Já estava habituado a entrar na fila para usar o banheiro ou ter de ceder quanto ao que comer no jantar. Ter tantos irmãos assim ajudou Siva a se tornar o jovem confiante que é hoje em dia. Sua família sempre o apoiou em seu desejo de ser cantor e o acompanhou em todos os passos de sua trajetória.

Assim como Jay, que tem um irmão gêmeo chamado Tom, Siva tem um irmão gêmeo chamado Kumar (e Kumar significa "príncipe"). Se já é incomum encontrar uma *boy band* com um membro que tenha um irmão gêmeo, imagine então dois membros. Siva e Kumar são gêmeos idênticos e somente a família e os amigos mais próximos são capazes de encontrar as diferenças entre os dois. Seria divertido se Siva e Kumar trocassem de lugar em um 1º de Abril e Kumar saísse por aí com Jay, Max, Tom e Nathan.

Siva e Kumar podem ser os membros mais jovens de sua família, mas, em momento algum, foram mimados. Os dois tinham de realizar suas obrigações, assim como todo mundo. Siva contou à revista *OK!* que eles eram "como as Cinderelas da família, sempre fazendo o trabalho!".

Gail é a filha mais velha da família Kaneswaran, seguida por Hazel, David, Daniel, Kelly, Trevor, Kumar e Siva. De todos os oito filhos, somente Kelly seguiu um caminho não relacionado ao meio musical ou à carreira de modelo – ela atualmente é estudante.

Kumar participou com Siva das fases de seleção para a banda, assim como um de seus irmãos mais velhos. E ele não ficou chateado quando não foi aceito, já que gosta da carreira de modelo, mas o outro irmão não ficou muito feliz. Kumar está fazendo faculdade enquanto continua com a carreira de modelo. No futuro, talvez siga uma carreira na pós-graduação, já que é isso que ele quer. Siva não tem tempo para estudar porque está sempre ocupado com a banda, mas talvez algum dia decida frequentar uma universidade.

O cantor cresceu na área predominantemente operária de Blanchardstown, em Dublin. No natal, os irmãos Kaneswaran costumavam se reunir na sala de estar para cantarem juntos, e adoravam se apresentar em grupo. Seria difícil encontrar outra família tão próxima. Para a mãe de Siva, não há nada melhor do que reunir seus filhos à mesa aos domingos para comerem um delicioso assado. Isso pode ser um pouco difícil hoje em dia, já que nem todos os seus filhos vivem na Irlanda. No entanto, é provável que eles façam um esforço especial quando Siva vai visitar a casa. Todos sentem muito orgulho dele.

A família Kaneswaran é famosa na Irlanda há anos. Eles são lindos e supertalentosos – e quase todos os irmãos de Siva têm interesse por cantar, trabalhar como modelo, ou ambos.

O primeiro membro da família Kaneswaran a se tornar famoso foi David, irmão de Siva. Ele participou de uma *boy band* irlandesa

Siva nasceu na Irlanda e começou a vida artística como modelo. Depois de entrar no The Wanted ele foi chamado para estrelar um filme, mas recusou para ter dedicação exclusiva ao grupo. Uma de suas grandes paixões é a guitarra.

chamada ZOO. O grupo ficou muito famoso na Irlanda, e chegou a abrir shows para o Westlife e Brian McFadden. A banda se desfez em outubro de 2006, e David abriu um estúdio de composição e produção com Eric, seu antigo colega de grupo. Agora ele escreve canções com seu irmão, Daniel. Eles batizaram a parceria de DKMY. Além disso, David também é modelo.

Daniel também é um compositor muito talentoso, e escreve excelentes canções desde os quinze anos de idade. Se quiser ouvir as músicas, acesse www.myspace.com/dkmy08.

A irmã dele, Hazel, fez parte da Dove, uma *girl band* popular na Irlanda, antes de participar das audições de *Popstars: The Rivals*, em 2002. Ela chegou a estar entre os dez finalistas, mas foi rejeitada por ser dez dias mais velha do que o esperado. Kimberley Walsh a substituiu e acabou conquistando um lugar no Girls Aloud. Hazel estava grávida na época, e muitos acreditam que este seja o real motivo que a levou a ser dispensada. Na verdade, ela se sentiu mais do que aliviada, já que daria à luz uma semana depois de receber a notícia de que iria para casa. Hazel tornou--se jurada do equivalente irlandês de *The X Factor*, um programa chamado *You're a Star* (e sua irmã posteriormente passou a fazer parte da versão de celebridades do programa). Hazel teve uma carreira solo de sucesso e três singles no Top 10. Hoje em dia, escreve canções para outros artistas, e Louis Walsh a acha incrível. Ele pediu algumas canções para o grupo Jedward, e ela lhe enviou duas músicas.

A biografia em seu site oficial fala sobre o pai deles: "Seu pai foi uma das primeiras pessoas da vizinhança que não era branca e, como o limpador de janelas que usava uma boina, mostrou-se uma pessoa extremamente popular. Ele adorava *soul music* e passou esse amor para a filha. O pai de Hazel teve uma morte repentina aos 44 anos, e ela é a segunda mais velha em uma família de oito, então teve de ajudar sua mãe a cuidar de seus seis irmãos mais jovens".

Os pobres Siva e Kumar tinham apenas seis anos de idade na época, e deve ter sido difícil para eles entender que não voltariam a ver seu pai. Ele tinha ido buscar comida quando teve um ataque cardíaco.

Gail, irmã de Siva, é uma das principais modelos e socialites da

Irlanda. Ela participou da série de TV irlandesa *Charity You're a Star* em 2006. Dez celebridades fizeram parte do programa e, em cada episódio, aquela que recebia menos votos era eliminada. A instituição de caridade escolhida por Gail foi o Our Lady's Children's Hospital, em Crumlin. John Aldridge, ex-jogador de futebol do Liverpool e da seleção irlandesa, venceu a série. Gail é consideravelmente mais velha do que Siva – ela tem mais de trinta anos e já tem dois filhos.

Trevor, irmão de Siva, é compositor e já escreveu canções para Siva no passado. Em 2008, apareceu no *The X Factor* e chegou à fase de treinamentos intensivos. Gail contou ao Herald.ie na época: "Nós costumávamos brincar com ele dizendo que aprendeu a cantar antes de aprender a falar, já que está envolvido com isso desde os três anos de idade, quando participou de um programa local de talentos e venceu. Ele só quis fazer isso durante toda a vida. Queria se tornar grande, e quem não gostaria de participar de um programa como o *The X Factor?* Desde que Hazel participou de *Popstar,* toda a nossa família ficou louca pelo programa e nós o assistimos em nossa casa todos os sábados".

Se você quiser descobrir mais sobre Trevor, vá até sua página no MySpace: www.myspace.com/trevorkaneswara. Em sua biografia, ele diz que fez parte de uma banda com três de seus irmãos durante algum tempo, mas não menciona quais eram esses irmãos. Nenhum outro membro da família mencionou essa banda em entrevistas passadas, mas seria legal se eles se reunissem. Todos são muito lindos!

Lily, mãe de Siva, sente muito orgulho de seus filhos e de tudo o que eles conquistaram. Os Kaneswarans são a prova de que você pode sair de um lugar difícil e conquistar seu espaço. No passado, enquanto seus filhos eram pequenos, houve momentos difíceis em que Lily tinha de fazer verdadeiros milagres com a comida, já que tinha tantas bocas para alimentar, mas isso os tornou mais fortes como uma família. Ela sempre fez seus filhos sorrirem, conforme Siva revelou ao Daily Star: "Minha mãe costumava nos encorajar para que nós nos expressássemos. E sempre nos levava ao karaokê. Acho que minha confiança vem de ser parte de uma família tão grande. Todos nós apoiamos muito uns aos outros".

Imeh Akpanudosen/Getty Images

TRÊS FATOS FASCINANTES SOBRE SIVA

- Ele usa lençóis de seda em sua cama (algo que os outros garotos acham muito engraçado).
- Ele gosta de ver filmes sozinho.
- Siva adora velas e tem muitas delas em seu quarto – é um garoto muito romântico e não se importa com o fato de os outros acharem que isso é um pouco feminino!

SIVA KANESWARAN

THE WANTED - EDIÇÃO ESPECIAL PARA FÃS

A B C D E F G H I J K L M N O P Q R S T U V W X Y Z

T É DE...

TAKE THAT

Desde o primeiro momento, o The Wanted foi questionado sobre sua opinião a respeito do Take That e se eles pretendiam ser o novo Take That. Tom, em particular, é um enorme fã do grupo.

Ele contou ao 4Music: "Eu adoro o fato de o Take That ter voltado. Fiquei muito surpreso quando 'Patience' saiu. Tenho um respeito enorme por eles, em particular por Gary Barlow. O fato de eles terem inventado uma nova sonoridade é incrível".

Se cada cantor do The Wanted tivesse de escolher um membro do Take That com quem é mais parecido, então Tom seria Mark, Jay seria Howard (por causa da dança) e Nathan seria Gary (porque os dois tocam piano). Siva seria Jason, porque ambos já foram modelos, e Max seria Robbie. Max sentiu-se feliz por "ser" Robbie, conforme contou ao 4Music: "Eu vou lá me divertir com Guy Chambers".

Embora os garotos queiram fazer grandes turnês como artista principal, eles aceitariam facilmente a oportunidade de abrir shows para o Take That. Afinal, o The Wanted poderia aprender muito com Gary, Mark, Jason, Howard e Robbie. O Take That sabe exatamente o que o The Wanted está enfrentando, já que, muitos anos atrás, eles também eram uma novidade. E os rapazes do Take That também poderiam ajudá-los a lidar com quaisquer conflitos que venham a surgir no futuro, de modo a evitar que as coisas tomem proporções enormes. Nesse momento, todavia, não há problemas, pois Siva, Max, Tom, Nathan e Jay se dão muito bem, mas pode haver algum desentendimento estranho no futuro.

O The Wanted confessou ao Orange que eles gostariam de ser tão bem-sucedidos quanto o Take That, "e que nosso show estivesse no mesmo patamar do show deles. Eles são incríveis! Porém, quanto a usar alguém como modelo, nós gostaríamos de simplesmente sermos nós mesmos. É um pouco estranho, porque não nos vemos como famosos. Somos apenas cinco rapazes se divertindo. É estranho quando os *paparazzi* nos seguem de moto ou quando as garotas choram ao nos conhecerem... Dizemos: 'está tudo bem, nós não mordemos!'".

TATUAGENS

Quando estão viajando em sua van, os garotos gostam de desenhar tatuagens com canetas de ponta fina uns nos outros. Jay já preencheu o braço de Max com imagens quando a banda estava a caminho de Glasgow. Ele desenhou um crânio e ossos cruzados, uma mulher nua, um sol e videiras por todo o braço de seu colega. E as imagens ficaram ótimas, como se fossem tatuagens de verdade. Jay é muito bom desenhista. Ainda bem que Max não tem alergia a tinta. Ele adora tatuagens e sente-se atraído por garotas com tatuagens.

Naquele mesmo dia, eles também desenharam tribais no rosto de Siva. E isso deve ter feito as pessoas encará-los com um olhar estranho quando eles saíram da van, antes de poderem limpar a tinta.

Algumas fãs pedem para Max, Tom, Jay, Nathan e Siva autografarem seus seios. No futuro, talvez algumas dessas fãs visitem estúdios de tatuagem e peçam para que um tatuador transforme os autógrafos em *tattoos*. Os garotos se surpreenderiam se vissem fãs com autógrafos tatuados no peito ou nos braços. Tom, em particular, ficaria chocado, já que ele muda sua assinatura o tempo todo – e, portanto, é muito provável que seu autógrafo tenha se transformado desde a última vez em que vira a fã. Todavia, ele teria de manter isso em segredo, ou as garotas ficarão muito furiosas ou chateadas.

Nathan afirmou no passado que acredita que, em algum momento, todos os membros do grupo terão *The Wanted* tatuado em seus traseiros. Todos eles adoram ser parte do grupo, e desejam nunca terem de se separar.

THE SATURDAYS

Os garotos são muito próximos da *girl band* The Saturdays. Eles se conhecem desde o início, já que foi Jayne Collins quem reuniu as garotas, e o The Wanted também abriu shows do grupo feminino. Ambas as bandas são formadas por membros ingleses e irlandeses, cantores e cantoras lindos e supertalentosos.

O The Saturdays existe há muito mais tempo que o The Wanted (elas foram reunidas em 2007), mas ainda não chegaram à primeira posição das paradas. Os garotos acham Frankie Sandford, Rochelle Wiseman, Una Healy, Mollie King e Vanessa White garotas incríveis e lhes desejam muito sucesso.

Elas lançaram seu primeiro disco em 2008. *Chasing Lights* gerou quatro singles no Top 10: "If This Is Love" chegou ao oitavo lugar das paradas, "Up" alcançou a quinta posição, "Issues" chegou ao quarto posto e "Just Can't Get Enough" alcançou o número dois. As garotas chegaram a lançar uma quinta canção do álbum, mas ela nem mesmo chegou ao Top 20. "Work" só alcançou a decepcionante 22ª posição das paradas. As garotas não escreveram nenhuma faixa de *Chasing Lights*.

O The Saturdays começou a carreira abrindo os shows do Girls Aloud, mas em junho de 2009 surgiu a oportunidade de dar início à sua própria turnê, a *The Work Tour* (já que, enquanto viajavam, elas começaram a trabalhar em um segundo álbum, *Wordshaker*).

Edição especial para fãs | 159

Quando o disco foi lançado, em outubro de 2009, ele chegou à 9ª posição das paradas. O single "Forever is Over" chegou ao segundo lugar. Já o single seguinte, "Ego", alcançou a 9ª posição. O álbum não está mais disponível para download, mas algumas das faixas aparecem no miniálbum *Headlines*, lançado em agosto de 2010. A faixa "Missing You", de *Headlines*, deveria chegar ao primeiro lugar das paradas quando foi lançada, em 5 de agosto de 2010, mas só conseguiu alcançar a terceira posição. Chegou a estar em primeiro lugar durante a semana, mas foi vencida por "Club Can't Handle Me", de Flo Rida e "Love the Way You Lie", de Eminem e Rihanna.

Em 28 de agosto de 2010, foi anunciado que o JLS gostaria de fazer um dueto com as meninas do The Saturdays. Muitas fãs do The Wanted ficam chateadas com a ideia de o The Saturdays gravar uma faixa com o JLS, já que elas gostariam que as garotas produzissem algo com os meninos do The Wanted.

Frankie, Rochelle, Una, Mollie e Vanessa tiveram a chance de estrelar seu próprio *reality show* em agosto de 2010, chamado *The Saturdays: 24/7*. O programa foi ao ar durante quatro semanas na ITV2. É só uma questão de tempo até Siva, Jay, Tom, Max e Nathan receberem um convite para estrelar seu próprio *reality show*, que provavelmente será filmado durante a primeira turnê dos garotos. As fãs vão adorar a chance de verem cenas de bastidores enquanto eles ensaiam, entram no palco e relaxam.

Os garotos realmente gostam do The Saturdays, mas também adoram o Girls Aloud. Acham as garotas do The Saturday perfeitas... E têm o mesmo sentimento pelo Girls Aloud (especialmente por Cheryl). Eles realmente sentem muito amor por *girl bands*!

Os jornais estão sempre ligando os membros do The Wanted às cantoras do The Saturdays. Os garotos não se importam, já que as meninas são lindas. Em um mundo ideal, Tom provavelmente adoraria se todos eles saíssem com as garotas do The Saturdays, pois todos poderiam participar de grandes encontros juntos. De fato, há cinco garotos para cinco garotas, mas Siva já tem namorada e algumas das integrantes do The Saturdays também estão em relacionamentos sérios.

Jay falou ao *News of the World:* "Elas são todas lindas. Como temos a mesma empresária, estivemos em alguns shows das garotas, e conversamos muito com elas, em especial com Frankie e Rochelle. Elas são adoráveis e muito amigáveis. São cinco e nós somos cinco, então é claro que os garotos conversaram sobre quem sairia com quem! Max tem uma paixão enorme por Frankie... Mas talvez ela já tenha namorado!".

A imprensa parece pensar diferente de Jay e acreditar que Vanessa é a integrante do The Saturdays mais desejada por Max. Ele discorda de Jay e da imprensa, e diz que Mollie é sua favorita. No entanto, parece que quando os garotos discutem sobre suas integrantes favoritas do The Saturday, eles às vezes mudam de opinião. No momento, Jay gosta de Vanessa, Siva gosta de Una (mas apenas como amiga!), Tom gosta de Frankie e Nathan prefere Rochelle. Max já disse certa vez que admira Rochelle, mas que tem medo de Marvin.

Os garotos gostam de provocar uns aos outros sempre que possível e, durante uma entrevista concedida à ASOS, decidiram transformar Nathan em vítima. Jay contou ao site: "Nathan é o maior fã do The Saturdays do mundo. Ele tem *leggings* coloridas e é apaixonado por Rochelle". Tom acrescentou: "Ele vai acabar com Marvin. Nathan é um cara muito forte.".

Durante uma entrevista, o *Metro* perguntou a Jay se o The Saturdays tinha dado algum conselho à banda com relação à indústria da música. Ele respondeu: "Não. Nós só conversamos sobre coisas como as que você conversaria com um colega da faculdade. Não falamos sobre trabalho. Nós ensinamos as garotas a jogar futebol, mas elas não nos ensinaram nada".

Os garotos adoraram ensinar as meninas a jogar futebol. E acharam Vanessa muito divertida, e provavelmente a melhor jogadora, já que conseguia chutar a bola a uma boa distância. Frankie mostrou-se surpreendentemente ruim e não conseguia, mesmo, jogar. Talvez ela precise tomar mais algumas aulas com os meninos para chegar ao padrão de Vanessa.

Os garotos já disseram em entrevistas o quanto adoram o The Saturdays, mas as garotas raramente os mencionam quando são entrevistadas. Quando o *Daily Star* conversou com Mollie sobre as *boy bands*, ela respondeu: "Pelo que eu vejo, as garotas estão dominando e vão dominar por muito tempo. Os garotos ainda têm um caminho enorme a percorrer. Sou uma pessoa muito Girl Power e adoro Katy Perry e Girls Aloud. Quando o Girls Aloud voltar à cena, e espero que isso aconteça logo, aí vai ser impossível competir".

Teremos de esperar para ver, mas, por enquanto, as *boy bands* parecem estar na frente, com as garotas os seguindo logo atrás – independentemente do que Mollie possa dizer!

TOM

Tom foi batizado Thomas Parker e nasceu em 4 de agosto de 1988. É o membro mais velho do The Wanted (Max é um mês mais novo, nascido em 6 de setembro, mas se os dois tivessem frequentado o mesmo colégio, Max estaria um ano antes).

Tom é de Bolton, uma cidade na área metropolitana de Manchester. E não é o primeiro famoso a sair de lá: o boxeador Amir Khan, o comediante Peter Kay e o apresentar Vernon Kay são todos da mesma cidade. Tom é torcedor do time de futebol local, o Bolton Wanderers.

Ele tem 1,78 metro, então, quando o assunto é altura, é o membro do meio do The Wanted. É um dos melhores cantores da banda, muito embora não tenha tomado aulas de voz antes de entrar no grupo. Ele contou ao Industry Music: "Artistas como Stereophonics e Liam Gallagher exerceram grande influência em minha vida. Tenho uma voz muito gutural, dura, e fico feliz por nunca ter tomado aulas de voz. Eles tentam ensinar a cantar de uma determinada maneira, mas eu mais ou menos aprendi sozinho".

A família de Tom não tinha ideia de que ele seria cantor, já que, enquanto crescia, o garoto não demostrou interesse em estar no palco ou em cantar diante do público (como Nathan demonstrava, por exemplo). Ele só decidiu que queria fazer música aos dezesseis anos, e então seu irmão o encorajou a começar a tocar guitarra. A mesma coisa aconteceu com Siva.

Tom toca guitarra e chegou a estudar geografia na faculdade Manchester Metropolitan University. Seu sonho, porém, era seguir na carreira musical. Poder cantar no The Wanted é uma grande realização para ele!

Quando decidiu que queria trabalhar com música, ele entrou para uma banda – um *cover* do Take That. Tom fazia Mark Owen, muito embora os dois não sejam nada parecidos. E ele precisou deixar o cabelo crescer para poder arrumá-lo como as madeixas de Mark. O Take That 2 foi uma das melhores bandas *cover* do país. Eles se formaram assim que o Take That gravou seu álbum de retorno e logo passaram um ano fazendo shows todas as quintas, sextas e sábados à noite. O grupo tornou-se tão popular que precisou dar início a audições para outra banda *cover* do Take That, para que pudessem dividir os shows. A biografia oficial no MySpace declara: "O Take That 2 foi escolhido para aparecer na O2 Arena no mesmo dia do verdadeiro Take That! Uma honra, sem sombra de dúvida! Além disso, eles também estão ajudando a promover a linha de roupas Autograph para Marks & Spencer no Reino Unido. Também acabaram de terminar uma temporada de duas semanas de apresentações no Nº 7 Make-up Range Awards 2008 para a Boots! Se você está em busca de profissionalismo, qualidade, talento e um show com excelente performance teatral, então sua escolha no Reino Unido deve ser TAKE THAT 2. Os quatro rapazes não apenas são da mesma área que o verdadeiro TAKE THAT, mas nosso 'Gary Barlow' possivelmente veio do mesmo útero do verdadeiro sr. Barlow! As vozes, a aparência e os gestos são simplesmente incríveis! Sem despesas poupadas, sem atalhos, esse certamente é o show-tributo mais profissional existente hoje! Você realmente precisa testemunhar o fenômeno TAKE THAT 2! Nenhum outro show envolve tanto o público, nem é tão rapidamente reagendado quanto TAKE THAT 2!".

Tom adorou fazer parte do Take That 2, e seus ex-colegas de banda, Danny Maines (Gary), Tom Patrick (Howard) e Daniel Claxton (Jason), desfrutaram de cada minuto de trabalho ao lado de Tom. A empresa que reuniu o Take That 2 colocou um vídeo em seu site como uma homenagem por seu "Mark Owen" ter chegado ao número 1 com "All Time Low". Eles escreveram: "Você é sincero, genuíno e merecedor".

Tom pode ter adorado fazer parte do Take That 2, mas nada se compara a ser um dos The Wanted. Ele pode ter cantando em vários lugares como Mark Owen, mas nada é melhor do que poder cantar como Tom Parker e ter a oportunidade de trabalhar com alguns dos melhores compositores do país.

Tom e Max são os membros mais agitados da banda, e adoram uma boa festa. Eles passam a maior parte do tempo juntos, e Tom admite: "Nós realmente somos os melhores no que diz respeito a frequentar festas. Mas todos os rapazes sabem se divertir. Talvez Nathan ainda não tenha chegado a essa parte louca de sua vida, mas nós faremos isso brotar nele muito em breve!".

Porém, os garotos não podem ir a festas o tempo todo e ainda trabalhar duro no estúdio quando estão gravando novas canções, participando de entrevistas ou apresentações. Eles sabem que fazer parte da banda é um privilégio e não vão jogar isso para o alto.

Quando "All Time Low" chegou ao número 1, eles fizeram festas durante um mês, tamanha era a felicidade. Todavia, não deixaram o sucesso subir à cabeça. Eles sabem que devem tudo isso às fãs que compraram o single.

Tom confessou ao jornal de sua cidade, o *Bolton News:* "Eu realmente não consigo acreditar que um ano atrás estava em Bolton, sem fazer nada, sonhando em entrar para a indústria fonográfica. E sou grato a uma certa mulher chamada Jayne Collins, e obviamente aos meus pais... E, por último, mas não menos importante, às fãs, por comprarem o single e fazê-lo chegar ao primeiro lugar. Elas tornaram tudo isso possível!".

TRÊS FATOS FASCINANTES SOBRE TOM

- Tom frequentou o mesmo colégio de Danny Jones, do McFly.
- Ele gosta de estar bronzeado o tempo todo. Certa vez, quando estava se sentindo pálido, tuitou: "Eu sou a pessoa mais branca do mundo... Talvez eu chame @Jaynecollinsmac para me cobrir com bronzeamento artificial da cabeça aos pés... Literalmente!!!".
- Tom tornou seu pai famoso. Nigel Parker agora tem sua própria página de fãs no Facebook e responde perguntas lá. Se quiser verificar, procure "Tom's Dad (The Wanted)" no Facebook. Ele também é reconhecido quando sai de casa, e as pessoas chegam a pedir autógrafos para ele!

TOM PARKER

TREINAMENTO DE MÍDIA

As gravadoras sempre insistem para que seus artistas façam algum tipo de treinamento de mídia antes de darem entrevistas. Elas precisam sentir-se seguras de que o artista é capaz de dar as respostas corretas sem ter de pensar por muito tempo. Às vezes, as entrevistas duram apenas alguns minutos, então não há tempo para hesitação.

O The Wanted realizou um treinamento de mídia e o achou bastante útil. O professor os fez fingir que estavam em uma entrevista de rádio e começou a disparar perguntas. Inicialmente, vieram as perguntas fáceis, para que eles pudessem responder muito rapidamente, mas logo começaram as mais complicadas.

Se você assistir a entrevistas em vídeo da banda promovendo "All Time Low", perceberá que normalmente é Jay quem responde as perguntas sobre a música e Nathan responde sobre por que o nome do grupo é The Wanted. Eles parecem ter definido de antemão quem vai responder o que, já que raramente os membros interrompem um ao outro. O treinador de mídia os ajudou tanto que eles se sentem sempre muito à vontade em entrevistas, e não se estressam sobre o que devem dizer. É claro que não existe um roteiro, mas sempre há uma ideia do que vai ser perguntado.

As melhores entrevistas são aquelas em que o entrevistador lança uma pergunta louca, que ninguém jamais lançou antes. Eles precisam pensar e responder rapidamente, então às vezes as respostas dadas são muito engraçadas.

TURNÊS

Desde que foram reunidos, Jay, Siva, Tom, Nathan e Max quiseram fazer uma turnê como atração principal, mas sabiam que teriam de trabalhar muito para conseguirem chegar a esse ponto. As turnês custam muito dinheiro, e a empresária da banda teria de sentir-se confiante de que os ingressos para o show se esgotariam antes de aprovar algo desse tipo.

Quando "All Time Low" chegou ao primeiro lugar das paradas, os garotos sabiam que poderiam fazer uma turnê, mas também perceberam que ainda não era a hora certa. Então, pensaram que fevereiro/março de 2011 seria o momento ideal, já que nessa época seu disco teria sido lançado há aproximadamente quatro meses. Eles precisavam que o disco fosse lançado primeiro, pois não poderiam sair em turnê com apenas uma música nas paradas – ou então as fãs não saberiam o que esperar e não poderiam cantar junto durante os shows.

Por falar em fãs, garotas estão proibidas na van do The Wanted atualmente (exceto quando se trata de Jayne ou de alguém da gravadora), mas essa é uma regra que eles querem mudar. Os garotos passam tanto tempo na estrada que seria mais fácil se a namorada de Siva pudesse viajar com o grupo ou se eles encontrassem uma garota que gostassem a ponto de convidá-la para conhecer os outros rapazes.

O coreógrafo Brian Friedman já ajudou os garotos a trabalhar alguns passos para as performances na O2 Arena e em Wembley, mas coreografar uma turnê em casas de show é um trabalho muito maior. Cada canção precisa ter seu próprio tema, dançarinos e cenário. Eles precisam ser capazes de fazer a transição de uma música para outra e de trocar de roupas em uma questão de segundos. Também precisam ter um bom nível de resistência corporal para conseguirem fazer isso todas as noites, durante semanas a fio.

O Take That estabeleceu um novo padrão em 2009, com sua turnê Circus Live. O espetáculo custou 10 milhões de libras, e eles contavam com mais de cinquenta dançarinos, acrobatas e artistas de circo. Trabalhavam com um elefante mecânico de mais de nove metros e faziam um show incrível. O The Wanted teve de pensar alto para tentar superar isso.

Os garotos não queriam decepcionar as fãs, então tiveram de cantar ao vivo e também tocar instrumentos. Siva, Tom e Max exibiram suas habilidades com a guitarra, e Nathan pode tocar piano em uma ou duas canções mais lentas.

THE BEHIND BARS TOUR 2011

A primeira turnê, chamada *The Behind Bars Tour 2011*, aconteceu nos teatros do Reino Unido. Como tudo que o The Wanted faz, essa sequência de shows foi um sucesso e os ingressos foram vendidos em poucas semanas, esgotando antes de seu início. Em 26 de março de 2011 os garotos caíram na estrada e visitaram doze cidades do Reino Unido, terminando em 15 de abril do mesmo ano.

SETLIST - *The Behind Bars Tour 2011*

01. Behind Bars
02. Lose My Mind
03. Weakness
04. Personal Soldier
05. Let's Get Ugly
06. A Good Day For Love To Die
07. Hi & Low
08. Golden
09. Animal (Neon Trees Cover)
10. Iris (Goo Goo Dolls Cover)
11. Heart Vacancy
12. Say It On the Radio
13. Lightening
14. Dynamite / Higher/ Dirty Picture/ Break Your Heart (Taio Cruz Medley)
15. Replace Your Heart
16. Gold Forever
17. All Time Low

170 | The Wanted

THE WANTED US TOUR

The Wanted US Tour foi a primeira turnê dos garotos pelos EUA. Os shows aconteceram em janeiro e fevereiro de 2012 e levaram os garotos a grandes cidades norte-americanas, como Orlando, Washington, Nova York, Los Angeles, e muitas outras.

SETLIST - *The Wanted US Tour*
01. Behind Bars
02. Lose My Mind
03. Invincible
04. Rocket
05. Animal (Neon Trees Cover)
06. Iris (Goo Goo Dolls Cover)
07. Heart Vacancy
08. Say It On the Radio
09. Lightning
10. Gold Forever
11. Warzone
12. All Time Low
13. Glad You Came

THE CODE TOUR

A segunda turnê pelo Reino Unido foi realizada entre 15 de fevereiro e 9 de março de 2012. Os shows aconteceram em arenas e passaram também pela Irlanda. Cada apresentação tinha elementos interativos, com links para Twitter e Facebook. A turnê contou com dezesseis shows e passou por doze cidades.

SETLIST - *The Code Tour*

01. Invincible
02. Lose My Mind
03. Rocket
04. Lie To Me
05. Lightning
06. Last To Know
07. Dagger
08. Heart Vacancy
09. I Want It All
10. I'll Be Yours Strength
11. Warzone
12. Viva La Vida/ Every Teardrop is a Waterfall/ Paradise (Coldplay Medley)
13. Say It On the Radio
14. Gold Forever
15. All Time Low
16. Glad You Came

ABCDEFGHIJKLMNOPQRSTUVWXYZ

U É DE...

UNIVERSO DA FAMA

Muitas pessoas sonham em serem famosas, mas pouquíssimas delas têm ideia de quanto trabalho duro está envolvido nisso. Tornar-se famoso é, de muitas formas, mais fácil do que manter-se famoso.

Jay falou a um jornal local, o *Nottingham Post*, sobre como foi participar de audições para entrar em bandas até fazer parte do The Wanted. Ele declarou: "Você vai a um lugar e há uma multidão gritando porque viu seu vídeo no YouTube, e depois você volta para a realidade. A bolha estoura, e você precisa trabalhar duro, mas agora as peças estão se juntando".

Muitas pessoas pensam que o The Wanted saiu do nada e chegou ao número 1 das paradas com "All Time Low", mas esse pensamento não poderia estar mais longe da realidade. Eles passaram muitos meses conquistando fãs e fazendo as pessoas saberem quem e o que eles são. Nesse momento, a maior parte do público que os conhece é formado por garotas jovens, portanto eles ainda não chegaram ao auge da fama. Um dia, todos saberão quem os garotos são, e eles serão uma *boy band* britânica conhecida em toda Europa e, esperançosamente, em todo o mundo.

Jay e os demais garotos acham estranho o fato de eles terem oportunidade de estar em grandes estações de rádio e TV e de ver centenas de garotas gritando seus nomes, mas, ao mesmo tempo, eles podem ir até uma loja e não serem reconhecidos. É bem legal ter acesso a esses dois mundos agora, mas logo eles serão reconhecidos por todo mundo e terão *paparazzi* acompanhando cada um de seus passos.

ABCDEFGHIJKLMNOPQRSTUVWXYZ

V É DE...

VAIDADE

Quando o assunto é vaidade, é difícil dizer qual é o membro mais vaidoso da banda. Tom, Siva e Nathan passam mais tempo na frente do espelho, e Max afirma que é difícil decidir qual dos três é pior. Jay não se importa muito. Ele simplesmente sai da cama de manhã e já está pronto. Se fosse necessário escolher qual dos garotos se sente mais confiante ao se olhar no espelho, eles escolheriam Siva, muito embora o cantor discorde com veemência. Ele sabe que é bonito, mas ainda assim tem seus dias ruins, assim como todo mundo. Tom acredita ser o menos confiante com relação à aparência.

VOCÊ SABIA?

Tom usa spray de cabelo antes de entrevistas na TV para garantir que seu cabelo fique com boa aparência. Para uma sessão de fotos, sua franja estava fina demais, então ele precisou usar extensão nos cabelos!

VOTAÇÃO

Nathan achou realmente frustrante o fato de não poder votar na Eleição Geral de 2010 porque tinha apenas dezessete anos, e não a idade mínima de dezoito. Ele acha ridículo os jovens poderem dirigir, mas não poderem votar aos dezessete anos. Então, participou da campanha Where's Our Vote, de Anastasia Kyriacou, para tentar mudar a lei e permitir que pessoas com mais de dezesseis anos pudessem votar. Jay também apoia a causa, muito embora ainda não tenha votado, e os garotos do The Wanted também apoiaram Anastasia.

Ela falou pessoalmente com os garotos do The Wanted em um evento chamado The Transformation Trust, realizado na O2 em 13 de julho de 2010, além de ter conversado com Nathan por Twitter em 22 de julho:

> @WheresOurVote "Como você se sentiu por não poder votar no dia da eleição?"

> @NathanTheWanted "Eu me senti maaaaal! Me senti excluído da situação, embora as pessoas da minha idade tenham a falsa crença de que somos importantes para a sociedade, é quase como se eles não se importassem com a nossa opinião!"

> @WheresOurVote "EU SEI MUITO BEM – É como se nossas vozes fossem irrelevantes! Hmm, e você teria votado se tivesse a chance?"

> @NathanTheWanted "Exatamente! E eles adoram falar sobre nós termos 'responsabilidades' em nossa idade! E sim! Eu definitivamente teria votado! Assim como alguns conhecidos meus! Mas é muito louco porque eles acham que desperdiçaríamos nosso voto, que votaríamos para o 'partido errado' porque não sabemos nada da vida!!"

@WheresOurVote "EU SEI! – Enquanto nós não tivermos direito de voto, eles não terão direito de fazer suposições! Alguma opinião sobre o novo governo?"

@NathanTheWanted "Sei como é! Pense em um governo para um e um para o outro! Estou interessado nas decisões que eles terão de tomar, depois de os trabalhadores estarem no governo por treze anos, os que são contra terão de promover mudanças durante os próximos tempos, e será bom ver o país sendo governado de forma diferente!"

Se você quiser participar ao lado dos garotos do The Wanted e de Anastasia, vá ao YouTube e busque Where's Our Vote.

THE WANTED - EDIÇÃO ESPECIAL PARA FÃS

W É DE...

WANTED WEDNESDAY

Todas as fãs do The Wanted precisam se envolver com o Wanted Wednesday no Twitter e no Facebook. A banda explicou o evento em seu canal do YouTube: "É uma chance de você se aproximar da banda. Você pode dizer ao mundo o que quer no Twitter e no Facebook. Faça o upload de uma imagem do que você quer mostrar, no Twitter ou no Faacebook, e não se esqueça de contar a todos os seus amigos sobre o Wanted Wednesday. Faça o upload de um vídeo na quarta-feira e você poderá ser a 'fã da semana'. Em todas as suas tuitadas, use a *hashtag* #wantedwednesday e marque a *fan page* do The Wanted no Facebook em suas atualizações de status. É a melhor coisa desde o Follow Friday – aliás, é melhor do que isso. Mais divertido, mais Wanted, e definitivamente mais Wednesday. Espere um vídeo especial todas as semanas".

Desde que as fãs começaram a tuitar usando a *hashtag* #wantedwednesday, este tornou-se um *trending topic* mundial no Twitter, e admiradoras de muitos países participam. Isso realmente vai ajudar o grupo a se tornar famoso em todo o mundo, o que seria incrível!

Os vídeos do Wanted Wednesday se tornam melhores a cada semana, já que a banda sempre inicia com uma abertura diferente antes de todos eles gritarem *"It's Wanted Wednesday"* e correrem de um lado para o outro como loucos. É mais ou menos como a abertura de *Os Simpsons* – você nunca sabe o que esperar. Até agora, a melhor abertura foi quando Jay mostra, sozinho, seu quarto para a câmera, e então os outros membros da banda pulam de dentro de guarda roupas e armários. Eles também fingiram ser cães correndo em um parque – vai saber o que as pessoas no parque pensaram de cinco rapazes andando de quatro, latindo e farejando uns aos outros.

Às quartas-feiras, a banda diz aos fãs o que quer. Em 30 de junho, Siva queria garrafas de refrigerantes, Tom queria bananas, Max queria shorts para praticar esportes e Nathan queria uma calça jeans e que todos comprassem "All Time Low" na pré-venda. Em 19 de maio de 2010, uma quarta-feira, Tom queria um pretzel, Siva queria cereais Crunchy, Nathan queria um voo seguro para casa e Max queria "uma massagem na cabeça, feita por um terapeuta chinês".

Também às quartas-feiras, eles enviam uma *newsletter* por e-mail às fãs que, na página oficial, optaram por recebê-la. No e-mail, os garotos contam tudo o que estão fazendo durante a semana e mostram fotos exclusivas, que não podem ser encontradas em nenhum outro lugar. Se você ainda não se registrou, faça isso em www.thewantedmusic.com.

X É DE...

X FACTOR

The X Factor é o programa de TV favorito de Max. Ele adora ver as enormes transformações pelas quais os cantores passam no programa, e entende como eles se sentem ao descobrirem que suas jornadas chegaram ao fim, já que ele vivenciou isso com o Avenue quando o grupo participou do programa. Max é um enorme fã de Simon Cowell. Quando participou do *The X Factor*, com dezesseis anos, Max sentiu-se lisonjeado ao ouvir de Simon que ele parecia Robbie Williams.

Em agosto de 2010, os garotos pediram para as fãs retuitarem a mensagem "RT @Sy_Cowell: ReTweet se você gostaria de ver o The Wanted no *The X Factor*". Todos os garotos adorariam a oportunidade de fazer um show em um episódio, ou então um dueto com algum dos finalistas. Jay chegou a dizer que rasparia a cabeça se isso acontecesse. Mas ele ficaria tão estranho de cabeça raspada que as fãs esperam que ele não tenha de passar por isso, mesmo se Simon Cowell aprovar a ideia de eles aparecerem no programa.

Todos sabem que Max esteve no *The X Factor*, mas Tom também já participou das audições para o programa. Todavia, ele só passou pela primeira fase e não chegou a aparecer na TV – o que é bom agora, mas na época deve tê-lo deixado chateado. Jay admitiu que talvez tentasse participar do programa se não tivesse sido selecionado para o The Wanted, uma vez que já tinha participado de muitas audições e não havia chegado a lugar algum.

A B C D E F G H I J K L M N O P Q R S T U V W X Y Z

Y É DE...

YOUTUBE

Você realmente precisa verificar o canal dos garotos no YouTube, já que eles postam muitas entrevistas de bastidores por lá.

Logo no início da carreira, o grupo realizou uma competição em sua página oficial do Facebook – por meio da promoção, uma fã escolheria uma canção da qual eles fariam um *cover*. Os garotos receberam tantos pedidos ótimos que ficaram sem saber qual canção escolher, então simplesmente pegaram uma aleatoriamente. Eles se filmaram cantando a música vencedora, "Fight for This Love" (sugerida por Annabelle) e postaram o vídeo no YouTube. Tom toca violão e todos os garotos cantam. Tom se saiu muito bem e foi ótimo ele ter dedicado tempo para aprender a canção – afinal, seria muito mais fácil para ele se eles cantassem sem acompanhamento musical. É uma ótima versão da música, e muitos afirmam ser melhor do que a original. Eles filmaram o vídeo em casa, no quarto de Max, então é possível ver, na parede, um pôster do filme *Con Air - A Rota da Fuga,* e também um pôster de *Rocky*. Na janela atrás de Jay aparece o reflexo da TV – eles estavam vendo um jogo de futebol ao mesmo tempo!

A canção foi um hit tão grande que a gravadora decidiu inclui-la como *b-side* no single de "All Time Low".

A cada semana, o The Wanted escolhe uma "fã da semana" com base nos vídeos postados no YouTube. Para participar, você precisa encontrar uma forma criativa de expressar o quanto gosta da banda. Algumas pessoas criam suas próprias versões do vídeo de "All Time Low", algumas fazem colagens de fotos com uma música de fundo, e outras pegam canções e mudam a letra de modo a cantar sobre Jay, Siva, Max, Nathan e Tom. Você pode fazer o que quiser e, quando postar, o The Wanted e muitas outras fãs verão o vídeo e darão ótimos comentários. Mesmo se você não vencer como "fã da semana", será incrível saber que os garotos assistiram ao seu vídeo.

ABCDEFGHIJKLMNOPQRSTUVWXYZ

Z É DE...

ZOO

Quando David, seu irmão, estava na banda Zoo (com Barry Cosgrove, Eric McCarthy, Michael Sammon and Greg Ryan), Siva sentiu-se muito feliz por ele. É uma pena que o Zoo tenha chegado ao fim, pois seria muito legal ver as duas bandas dividindo o palco. David apoia Siva e quer que o The Wanted seja um grupo de muito sucesso.

Jay é um grande fã de zoológicos e gosta de ver lagartos e outros répteis. Porém, ele não pode mais frequentar esse tipo de lugar, pois seria abordado por muitas fãs.

Alguns entrevistadores fizeram aos garotos perguntas bobas relacionadas a zoológicos no passado. A MTV perguntou a cada membro do The Wanted qual seria o maior animal que eles conseguiriam matar com nada além de suas próprias mãos. Tom respondeu um leão; Jay, uma vaca; Siva, uma girafa; Nathan, um elefante; e Max, uma baleia. Quando os garotos questionaram como Max poderia matar uma baleia, ele respondeu que esvaziaria o aquário de um parque aquático. A pergunta pode ter sido boba, mas Max deu uma ótima resposta.

Uri Schanker/WireImage

Este livro foi composto nas fontes Adobe Caslon, Misproject e Calibri, e impresso em papel *Offset* 75g/m^2 na Intergraf.